KB265912

편집자를 위한 한글 맞춤법 강의

편집자를 위한 한글 맞춤법 강의

한국어 어문 규범 훑어보기

오경철 지음

일러두기

• 낱말의 뜻을 풀이할 때는 표준국어대사전의 정의를 따랐다.
• 예문 중에는 한글 맞춤법과 표준어 규정의 '해설'에서 가져온 것이 많다.
• 한국어 어문 규범은 다음과 같다.
- 한글 맞춤법: 한글로써 우리말을 표기하는 법을 체계화한 규정. 효시는 훈민
정음이라고 할 수 있고, 1933년의 '한글 맞춤법 통일안'을 기본으로 1988년
1월 문교부가 고시했다. 현행 맞춤법은 2017년 3월에 문화체육관광부에서
고시한 것이다.
- 표준어 규정: 표준어 사정의 원칙과 표준 발음법을 체계화한 규정. 1936년
에 조선어 학회에서 사정하여 공표한 '조선어 표준말 모음'을 크게 보완하고
합리화하여 1988년 1월에 문교부가 고시했으며, 현행 규정은 2017년 3월에
문화체육관광부에서 고시한 것이다.
- 외래어 표기법: 외래어를 한글로 표기하는 방법. 현행 표기법은 2017년 3월
에 문화체육관광부에서 고시한 것이다.
- 국어의 로마자 표기법: 국어를 로마자로 표기하는 방법. 현행 표기법은
2014년 12월에 문화체육관광부에서 고시한 것이다.

이 책은 본디 책을 만드는 사람들이 읽어주기를 바라며 썼다.

편집자라면 누구나 하는 일이 하나 있다. 바로 저자나 역자의 원고를 들여다보면서 잘못 적힌 글자를 고치고 어법에 맞지 않게 쓰인 글귀 따위를 바로잡는 것이다. 이를 통틀어 교정校訂이라고 한다.(校正이나 校定과 구별하자.) 그러면 편집자는 무엇을 교정의 준거로 삼을까? 바로 한글 맞춤법, 표준어 규정 등의 어문 규범이다. 어문 규범은 '언어생활에서 따르고 지켜야 할 공식적인 기준'을 말하는데, 편집자는 그중에서도 한글 맞춤법을 금과옥조로 삼고는 한다.

일단 오해하지 말아야 할 게 있다. 맞춤법은 문법이 아니라는 것이다. 토막이말로 '말본'이라고도 하는 문법은 '말의 구성 및 운용상의 규칙'으로서 학문과 연구의 영역에 가깝다. 하지만 맞춤법은 그렇지 않다. 맞춤법의 일반적인 뜻이 '어떤 문자로써 한 언어를 표기하는 규칙'이라는 것만 보아도 그것이 문법과는 층위가 다른 문제라는 사실을 알 수 있다.(물론 맞춤법에는 문법의 세부가 반영되어 있으므로 맞춤법을 '해설'하려면 얼마간 문법을 이야기해야 한다.) 곧 맞춤법은 글자로 언어를 표기하는 법을 체계화한 것이다. 맞춤법이라는 말만 들어도 머리가 지끈거린다면 아마도 그것을 복잡한 문법으로 이해하기 때문이 아닐까 싶다.(그렇다고 맞춤법이 복잡하지 않다거나 쉽다는 말은 아니다.)

맞춤법이 필요한 것은 다름 아니라 우리가 (문맹이 아니라면) 한평생 말만 하면서 살지는 않는 까닭이다. 우리는 어떠한 성격의 것이든 우리 고유의 글자로 글을 쓰고 그럼으로써 다른 사람들과 소통하며 산다. 따라서 어떤 말이든 글자로 제대로 적어놓지 않으면 원활한 소통에 지장이 생기기 마련이다. 인간 사회의 대표적인 소통 매체 중 하나인 책의 경우라면 군말이 필요 없을 것이다. 책을 만드는 사람인 편집자가 맞춤법을 금과옥조로 여기는 것도 바로 이 때문이다. 표준어 규정, 외래어 표기법, 국어의 로마자 표기법 등 나머지 어문 규범 또한 모두 (글을 통한) 원활한 소통이라는 같은 목적을 위해 존재한다.

다만 편집자라고 하여 누구나 맞춤법에 빠삭하다고는

말할 수 없다. 세상에 존재하는 규범이란 규범은 그 내용을 들여다볼라치면 입맛이 떨어질 만큼 건조하고 지루하기 짝이 없는 당위로 점철되어 있다. 한국어 어문 규범 또한 다르지 않으니 처음부터 끝까지 읽어내기가 자못 어려운 것이 사실이다. 따라서 어문 규범이라는 밀림을 탐사하는 데는 아무래도 가이드가 필요하고, 나는 이 책을 통해 기꺼이 그 역할을 하고자 했다. 20여 년간의 편집 실무 경험을 바탕으로 한국어 어문 규범의 조항들을 하나하나 짚어가며 용례를 통해 그 고갱이를 알기 쉽게 설명하려고 애썼다.

이 책에서는 한국어 어문 규범 가운데 한글 맞춤법, 표준어 규정, 외래어 표기법을 다룬다. 다만 편집 실무에서 참고할 일이 비교적 적거나(표준어 규정의 표준 발음법, 국어의 로마자 표기법), 전부를 설명하기에는 그 내용이 너무 많고 세세한(외래어 표기법의 표기 일람표, 표기 세칙) 부분은 제외했다.

편집자가 되지 않았다면, 스무 해 남짓 편집자로 일해 오지 않았다면, 나는 한글 맞춤법이라든가 표준어 규정 같은 어문 규범에 별다른 관심을 갖지 않았을 것이다. 잠시 국어국문학과에 적을 두기는 했지만 편집자로 먹고살지 않았더라면 우리말 철자법에 남달리 신경 써야 할 이유 또한 없었을 테니 말이다.

출판사에서 책을 만들다 보니 맞춤법이라는 것이 그리 만만히 볼 게 아님을 자연스레 알게 되었다. 한글 맞춤법은 일정한 원칙을 다종다양한 경우에 운용해야 하는 규범이므로(그래서 예외 조항도 적지 않다) 실무에서 갖가지 원고를 매만지려면 면밀히 들여다보아야 한다. 기계적으로 표준국어대사전의 검색 기능에만 의지하다 보면 머지않아 벽에 막히는 순간을 맞닥뜨리게 된다는 뜻이다. 표준어 규정이 그렇듯이 한글 맞춤법에도 논쟁적이라 할 만한 조항들이 포함되어 있는데(물론 그러한 논쟁에 끼어드는 것이 이 책의 목적은 아니다), 이는 한글 맞춤법의 운용 원칙에 모순으로 판단할 수 있는 부분이 없지 않기 때문이다(그런 대목에서는 어쭙잖게나마 나의 의견을 밝혀두었다).

간혹 맞춤법은 전혀 어렵지 않다는 주장을 접한다. 한글 맞춤법의 전체 조항을 꼼꼼히 들여다보았다면 섣불리 할 수 없는 말이라고 생각한다. 맞춤법이 전혀 어렵지 않다면, 맞춤법이 전혀 어렵지 않다는 것을 애써 설명하는 책이 왜 끊임없이 나오겠는가. 20여 년 전이나 지금이나 나는 맞춤법이 퍽 어렵다. 이 책은 맞춤법은 쉽지 않다는 것을 전제하고 썼다.

편집자로 일한 지 두서너 해쯤 되는 사람, 편집자를 지망하는 사람을 독자로 상정했다. 그들과 함께 서로 응원하며 읽어나갈 책을 쓴다는 마음이었다. 지망생이라면 다소 여유가 있을지도 모르겠으나, 일단 실무를 시작하게 되면 따로 시간을 내어 차분히 어문 규범을 살펴보기가 쉽지 않을 것이다. 섣불리 말할 수는 없지만, 경력이 많은 편집자 가운데도 한글 맞춤법이나 표준어 규정 등 어문 규정 전반을 통독한 사람은 그리 많지 않으리라 짐작된다. 물론 그것이 편집자로서의 중대한 결격 사유가 될 리는 만무하다. 그저 언어를 다루는 사람으로서 나랏말의 이러저러한 규범을 처음부터 끝까지 한번 훑어본다는 가벼운 마음가짐으로 책장을 펼쳐보면 어떨까 싶다. 더불어 맞춤법 때문에 종종 골치 아픈 일을 겪거나 글을 쓸 때마다 맞춤법의 압박에 시달리는 독자에게도 도움이 되기를 바란다.

집필을 독려해 준 한국출판인회의와 민혜영 선생님, 원고를 세심히 살펴준 이효선 선생님께 깊이 감사드린다.

2026년 새봄에

오경철

차례

1부

한글 맞춤법 1

1장

총칙

우리말 표기의 기본 원칙

한글 맞춤법 제1항부터 제3항까지는 총칙에 포함된다.

제1항 | 한글 맞춤법은 표준어를 소리대로 적되, 어법에 맞도록 함을 원칙으로 한다

이 항에는 한글 맞춤법을 포괄하는 대원칙을 밝혀놓았다. 하나는 표준어를 소리대로 적는다는 것이고, 또 하나는 무조건 소리대로 적는 게 아니라 어법에 맞도록 한다는 것이다. 곧 한글 맞춤법은 표준어를 바르게 적는 법을 일컫는다. 한글은 표음 문자다. 로마자나 아라비아 문자처럼 문자 자체가 말소리를 기호로 나타낸다.(이와 달리 한자 같은 문자는 각각의 글자가 소리와 상관없이 일정한 뜻을 나타낸다.) 한국어를 표음 문자인 한글로 바르게 표기하는 법이 바로 한글 맞춤법이다.

그런데 표준어란 무엇인가? 국립국어원 표준국어대사전을 보면 '표준어'라는 말에는 두 가지 뜻이 있다. "한 나라에서 공용어로 쓰는 규범으로서의 언어"는 표준어를 보편적으로 정의한 것이다. 어느 나라 말에나 수많은 방언, 곧 사투리가 뒤섞여 있다. 대부분의 국가에서는 언어 생활의 편리를 위해 그중 하나의 방언을 표준어로 정하여 규범화한다. 초중등학교에서 교과서를 통해 가르치는 말,

신문, 방송 등 공공 언론 매체에서 사용하는 말이 곧 표준어라고 이해하면 무리가 없다.

다만 우리가 이 책에서 다룰 표준어는 그 의미가 국지적이고 특수하다. 이번에도 표준국어대사전의 풀이를 보면 그것은 "전 국민이 공통적으로 쓸 수 있는 자격을 부여받은 단어"로서 "우리나라에서는 교양 있는 사람들이 두루 쓰는 현대 서울말로 정함을 원칙으로 한다". 그러니까 "교양 있는 사람들이 두루 쓰는 현대 서울말"이 바로 표준어다. 오랫동안 들여다봐도 두루뭉술하고 애매모호한 정의라는 느낌을 지우기가 어려운 것이 사실이다.(이에 대해서는 뒤에서 표준어 규정을 설명할 때 좀 더 자세히 살펴보겠다.)

한글 맞춤법 제1항을 보자.

먼저, 표준어를 소리대로 적어보자. '엄마'는 [엄마]라고 소리 나므로 '엄마'라고 적는다. '구름'도 [구름]이라고 소리 나니까 '구름'이라고 적는다. 그런데 소리대로 적는 것만으로는 충분하지 못할 때가 있다. '빛'이라는 말을 보자. '빛'은 뒤에 붙는 조사에 따라 혹은 뒤에 결합하는 말에 따라 다음과 같이 소리가 달라진다.

빛이[비치], 빛을[비츨], 빛에[비체]

　　　: [비치]으로 소리 나는 경우

빛만[빈만], 빛나다[빈나다], 빛무리[빈무리]

　　　: [빈]으로 소리 나는 경우

빛과[빋꽈], 빛깔[빋깔], 빛줄기[빋쭐기]

　　　: [빋]으로 소리 나는 경우

　　표준어를 소리대로 적는다는 원칙대로라면 [비치]로 소리 나는 말은 '비치', [빈나다]로 소리 나는 말은 '빈나다', [빋쭐기]로 소리 나는 말은 '빋쭐기'로 적어야 한다. 하지만 그러면 '빛'이라는 표준어의 형태가 '비', '빈', '빋'으로 변하여 무슨 말인지 알아볼 수 없게 된다.

　　우리말에는 '빛'과 같이 하나의 형태소('뜻을 가진 가장 작은 말의 단위')가 여럿으로 소리 나는 말이 많은데, 그것들을 제각기 변한 형태의 소리대로 적는다면 무슨 말인지 알아보기 쉽지 않고 그 뜻을 파악하기도 어려울 것이다. 소리대로 적되 어법에 맞도록 한다는 조건은 그래서 필요하다. 말의 의미를 파악하기 쉽도록 형태소의 원래 모양을 그대로 밝혀 적는 것이다. [비치], [빈나다], [빋쭐기]로 소리 나더라도 '빛'이라는 형태소가 원래 모양 그대로 드러나도록 '빛이', '빛나다', '빛줄기'라고 적으면 말의 의미를 쉽게 파악할 수 있다.

이러한 원칙은 용언의 어간 뒤에 어미가 결합할 때도 그대로 적용된다. 예컨대 '읽다'라는 동사는 활용할 때 [일거], [일꼬], [잉는], [익찌] 등으로 소리 나더라도 어간 '읽-'의 형태를 고정하여 '읽어', '읽고', '읽는', '읽지' 등으로 적어 말의 뜻을 명확히 파악하도록 한다.

그런데 형태소를 고정하여 적을 수 없을 때도 있다. 동사 '줍다'는 '줍고', '줍지' 등으로 활용하지만 '주우며', '주워' 등으로 활용할 때도 있다. 이때 '줍-'이라는 형태소를 살려 '주우며', '주워'를 '줍으며', '줍어'로 표기하면 소리대로 적는다는 원칙과 맞지 않게 된다. 따라서 이러할 때는 형태소를 하나로 고정하지 않고 '줍-'과 '주우-' 두 가지로 적는다. 문법적 위상이 같은 형태소인 주격 조사가 결합하는 체언의 받침 유무에 따라 '-이'가 되기도 하고 '-가'가 되기도 하는 것이나('풀밭이'/'바다가'), 역시 같은 문법적 위상을 갖는 형태소인 접사가 결합하는 용언의 어간 끝음절의 모음에 따라 '-아'가 되기도 하고 '-어'가 되기도 하는 것('살아'/'죽어') 또한 형태소를 고정할 수 없어 소리 나는 대로 적는 예라 할 수 있다.

'감기 빨리 낳아.' 여기서 '낳아'는 '나아'로 적어야 한다. 적지 않은 한국어 사용자들이 이러한 오류를 저지르는 것은 '낫다'라는 동사를 몰라서 혹은 '낫다'를 '낳다'와 헷갈려서라기보다, '낫다'가 활용할 때와 '낳다'가 활용할 때의 발음이 [나아], [나으니], [난는] 등으로 같기 때문이 아닐까 싶다.(단, 기본형의 발음은 '낫다'는 [낟따], '낳다'는 [나타]로 서로 다르다.) '낫다'는 앞에서 설명했듯이 어간의 형태소가 하나로 고정되지 않는('낫지', '낫고', '나아', '나으니') 동사고, '낳다'는 활용할 때 소리 나는 대로 적지 않고 형태소를 고정하여('낳지', '낳고', '낳아', '낳으니') 의미의 혼선을 막는 동사다. 두 단어 모두 표준어이지만 소리대로만 적고 어법에 맞도록 하지 않으면 '감기 빨리 낳아'와 같은 어처구니없는 오류가 저질러진다.

이처럼 발음이 같아서 표기할 때 실수하기 쉬운 우리말이 적지 않다. '띠다'/'띄다', '부치다'/'붙이다', '싸이다'/'쌓이다', '안치다'/'앉히다', '조리다'/'졸이다' 등을 예로 들 수 있다. 활용할 때 전자('띠다', '부치다', '싸이다', '안치다', '조리다')는 소리대로 적어도 말의 의미를 파악하는 데 문제가 없는 반면, 후자('띄다', '붙이다', '쌓이다', '앉히다', '졸이다')는 형태소의 원래 모양을 밝혀 적지 않으면 말뜻을 정확히 파악할 수 없다.

앞의 예 가운데 '부치다'는 본디 '붙다'에 '-이-'가 결합한 말이다. 용언의 어간에 '-기-', '-리-', '-이-', '-히-', '-구-', '-우-', '-추-', '-으키-', '-이키-', '-애-' 등의 접미사가 붙은 말은 어간을 밝혀 적어야 한다. 하지만 '-이-', '-히-', '-우-'가 붙은 말이라도 본래의 뜻에서 멀어지면 소리 나는 대로 적는다는 규칙(한글 맞춤법 제22항)에 따라 '붙이다'가 아니라 '부치다'로 적어 '붙다'의 뜻에서 멀어진 말임을 밝힌다. '도리다(칼로~)'(돌+이-), '드리다(용돈을~)'(들+이-), '고치다'(곧+히-), '바치다(세금을~)'(받+히-), '거두다'(걷+우-), '미루다'(밀+우-), '이루다'(일+우-) 등도 같은 예다.

한편 한글 맞춤법 제1항에 등장하는 '어법語法'이라는 말은 일반적인 의미의 '어법'과는 개념이 다르다. "손윗사람에게 존댓말을 하는 것이 우리말의 어법이다"와 같은 문장에서 사용된 '어법'이 일반적인 의미의 '어법'을 뜻한다. 이는 적용되는 범위가 넓고 그 안에서 세세한 규칙이 운용되는 "말의 일정한 법칙"이다. 이와 달리 한글 맞춤법 제1항에서 '어법'은 표준어를 적는 방법과 관련된 말의 법칙임을 알아두자.

제2항 | 문장의 각 단어는 띄어 씀을 원칙으로 한다

한글 맞춤법 띄어쓰기의 대원칙은 모든 단어는 띄어 쓴다는 것이다. 그 까닭은 독립적으로 쓸 수 있는 말의 가장 작은 단위가 바로 단어이기 때문이다.

"문장의 각 단어는 띄어 씀을 원칙으로 한다"라는 문장도 이 원칙대로 각 단어를 띄어 썼다. 그런데 '문장의'의 '의', '단어는'의 '는', '씀을'의 '을', '원칙으로'의 '으로'는 왜 띄어 쓰지 않았을까? '의', '는', '을', '으로'는 모두 조사인데, 조사는 체언 뒤에 붙어야만 쓸모가 생기는, 곧 독립적으로는 사용하지 못하는 말이라서 그렇다. 동사, 형용사 등 용언의 어간과 어미 역시 단어라고 할 수 없다. "아기가 웃는다." 이 문장에서 '웃는다'는 단어지만, 동사 '웃다'의 어간 '웃-'과 어미 '-는다'는 따로 쓸 수 없는 말이므로 둘 다 단어가 아니다.

조사와 어미는 띄어쓰기를 어렵게 하는 요인이다. 특히 조사와 어미는 의존 명사와 헷갈릴 때가 잦으므로 그 쓰임에 주의를 기울이지 않으면 (대부분은) 붙여 써야 할 말을 띄어 쓰게 된다. 조사 '뿐'("가진 것은 이것뿐이다")과 의존 명사 '뿐'("시간만 보냈다 뿐이지 한 일은 없다"), 어미 '-듯이'("거대한 파도가 일듯이 사람들의 가슴에 분노가 일었다")와 의존 명사 '듯이'("뛸 듯이 기뻐하다")가 대표적인 예다. 어미 '-ㄴ걸', '-ㄹ걸', 'ㄴ바'와 의존 명사 '걸'(정확히는 의존 명사 '거'에 조사 'ㄹ'이 붙은 말), '바' 등을 혼동하는 사례도 흔히 본다.("내가 잘못했다고 먼저 사과할 걸”에서는 어미 ‘-ㄹ걸’이 쓰였고, “내가 잘못했다고 먼저 사과할 걸 그랬어”에서는 의존 명사 ‘거’에 조사 ‘ㄹ’이 붙은 ‘걸’이 쓰였다.)

‘문장의 각 단어는 띄어 쓴다’는 말만 놓고 보면 띄어쓰기가 뭐 그리 어려운 일일까 싶다. 그러나 앞에서 보았듯이 모양은 같은데 그 기능은 전혀 다른 말들이 공존하는 한국어의 특성상 띄어쓰기를 제대로 하기가 쉽지 않다. 어쩌면 띄어쓰기는 한글 맞춤법 가운데 가장 골치 아픈 영역일 수도 있다.

맞춤법과 띄어쓰기를 별개의 어문 규범으로 이해하는 편집자가 적지 않다. 나 역시 오랫동안 그런 줄 알았다. 교정, 교열이 이루어지는 실무 현장에서는 여전히 ‘맞춤법’과 ‘띄어쓰기’라는 말은 늘 붙어 다닌다. 그러나 강조하건대 띄어쓰기는 한글 맞춤법의 일부다(제41~50항). 규범으로서 띄어쓰기에 대해서는 뒤에서 좀 더 자세히 설명하겠다.

제3항 | 외래어는 ‘외래어 표기법’에 따라 적는다

외래어外來語는 말 그대로 외국에서 들어온 말이다.(‘차용어借用語’라고도 한다.) 우리나라에서 생겨나지 않았지만 우리나라에 들어와(혹은 들여와) 우리나라 사람들이 우리말처럼 쓰는 말이라고 하면 되겠다. 국립국어원에서는 이를 "국어의 어휘 체계에 정착한 어휘"라고 설명한다.

우리말의 전체 단어는 고유어(순우리말), 한자어, 외래어로 나눌 수 있다. 사전을 보면 한자어에는 한자를, 외래어에는 해당 원어를 같이 밝혀 그것이 한자어, 외래어임을 알 수 있도록 해놓았다. 외국어에서 비롯되었지만 현재는 고유어처럼 쓰이는 단어는 그 어원을 밝혀 두었다. 예를 들면, '빵'은 포르투갈어 'pão', '가방'은 일본어 'kaban[鞄]' 혹은 네덜란드어 'kabas'에서 기원했음을 밝혀 둔 것이다.

한글 맞춤법에서 외래어와 외국어를 나누는 기준은 다소 허술하다. 무엇보다도 사전에 실린 것(국어의 어휘 체계에 정착한 것)을 외래어, 실리지 않은 것(국어의 어휘 체계에 정착하지 못한 것)을 외국어로 규정한 까닭이다. 이는 언어생활에서 외래어와 외국어가 구별 없이 뒤섞여 쓰이는 현실을 충실히 반영하지 못한 것이다. 사실상 외래어와 외국어를 선명하게 나눌 수 있는 기준은 존재하지 않는다고 보아야 할 듯싶다. 이러한 형편이고 보니 '외래어 표기법'을 '외국어의 한글 표기법'으로 고쳐 쓰자는 주장(변정수, 『한판 붙자, 맞춤법!』, 뿌리와이파리, 2019)도

등장한다. 마침 우리말 어문 규정에 '국어의 로마자 표기법'이 있으니 외래어와 외국어를 명확히 구별하지 못할 바에야 그에 맞춰 '외국어의 한글 표기법'이라고 부르는 게 합리적이라는 것이다. 사전에 실리지 않은 외래어(외국어라고 해야 맞겠지만) 또한 외래어 표기법에 따라 표기하는 것이 사실이므로, 이 같은 주장은 귀담아들을 만하다.

이 항과 관련하여 염두에 두어야 할 것이 있다. 외래어 표기법의 목적은 '외국어'를 실제 소리대로 적기 위한 것이 아니라 '외래어'를 일정하고 일관된 원칙에 따라 한글로 적는 데 있다는 점이다. 외래어 표기법에 따라 외래어를 한글로 적어놓으면 실제 발음과 크고 작은 괴리가 생길 수밖에 없다. 외래어가 본디 외국에서 들어온 말인 까닭이다. 하지만 고유한 언어적 특성을 지니는 외국어를 한글 자모를 사용해 하나하나 실제 소리대로 표기하기란 애초에 불가능하다. 실제 소리에 그나마 가까운 표기가 있을 뿐 실제 소리 그대로인 표기는 있을 수 없는 것이다. 요컨대 외래어 표기법의 취지는 우리말이나 다름없이 쓰이는 외래어의 표기 원칙을 마련하고 표준 표기를 제시하여 언중이 원활하게 문어적 의사소통을 할 수 있도록 하는 것이다.

총칙은 큰 틀이다. 지금까지 한글 맞춤법 제1장 총칙을 살펴보았다.

2장

자모

자모의 이름과 순서

한글 맞춤법 제2장은 조항이 하나뿐이다.

제4항 | 한글 자모의 수는 스물넉 자로 하고, 그 순서와 이름은 다음과 같이 정한다

여기서는 한글 자모의 수, 순서, 이름을 밝히고 있다. 이는 1933년 조선어 학회가 발표한 한글 맞춤법 통일안을 따른 것이다. 한글 맞춤법도 이를 따른다.
한글은 자음 열네 자, 모음 열 자로 되어 있다.

ㄱ(기역), ㄴ(니은), ㄷ(디귿), ㄹ(리을), ㅁ(미음),
ㅂ(비읍), ㅅ(시옷), ㅇ(이응), ㅈ(지읒), ㅊ(치읓),
ㅋ(키읔), ㅌ(티읕), ㅍ(피읖), ㅎ(히읗)

ㅏ(아), ㅑ(야), ㅓ(어), ㅕ(여), ㅗ(오), ㅛ(요),
ㅜ(우), ㅠ(유), ㅡ(으), ㅣ(이)

자음의 이름을 눈여겨보자. 표기의 일정한 규칙성이 눈에 들어온다. 그리고 거기에서 벗어난 예외적인 이름들도 보인다. 'ㄱ'과 'ㄷ'과 'ㅅ'을 제외한 자음들의 공통점은 이름 두번째 글자의 초성과 중성이 각각 자음 'ㅇ(이응)'

과 모음 ‘ㅡ’라는 것이다.(‘은’, ‘을’, ‘음’, ‘읍’, ‘응’, ‘읏’, ‘읗’, ‘윽’, ‘읕’, ‘읖’, ‘읗’.) 그럼 왜 ‘ㄱ’은 ‘기윽’이 아니라 ‘기역’이고, ‘ㄷ’은 ‘디읃’이 아니라 ‘디귿’이며, ‘ㅅ’은 ‘시읏’이 아니라 ‘시옷’일까?

한글 자모의 이름과 순서는 16세기에 최세진이 쓴 『훈몽자회訓蒙字會』(1527)에 기원을 둔다. 이 책은 한글로 음과 뜻을 달아둔 어린이용 한자 학습서다. 『훈몽자회』의 범례에서 최세진은 한글 자모(“초성과 종성에 두루 쓰이는 여덟 자初聲終聲通用八字”)의 음가를 한자로 표시했다. ‘ㄴ’은 ‘尼隱’, ‘ㄹ’은 ‘梨乙’, ‘ㅁ’은 ‘眉音’, ‘ㅂ’은 ‘非邑’, ‘ㅇ’은 ‘異凝’. 이 한자음이 한글 자모의 이름이 된 것이다. 다만 ‘ㄱ’은 ‘其役’(기역), ‘ㄷ’은 ‘池末’(지말), ‘ㅅ’은 ‘時衣’(시의)로 되어 있는데, 이는 ‘윽’, ‘읃’, ‘읏’으로 발음하는 한자가 없기 때문이다. 그런 까닭에 일단 ‘윽’은 비슷하게 발음되는 ‘역役’으로 대체했다. 그리고 ‘末’과 ‘衣’는 우리말 뜻을 취해 소리로 사용한다는 범례의 설명대로 ‘읃’은 ‘귿’(‘末’의 뜻), ‘읏’은 ‘옷’(‘衣’의 뜻)을 소리로 사용한 것이다. ‘ㅈ’, ‘ㅊ’, ‘ㅋ’, ‘ㅌ’, ‘ㅍ’, ‘ㅎ’은 당시에 종성으로 사용되지 않아서 모음 ‘ㅣ’를 붙여 음가를 표시했는데, 1933년 한글 맞춤법 통일안에서 현재처럼 이름과 표기를 확정했다. (북한에서는 ‘ㄱ’, ‘ㄷ’, ‘ㅅ’을 ‘기윽’, ‘디읃’, ‘시읏’으로 표기한다. 중세에는 우리말에 아직 구개음화가 일어나지 않았고 '끝' 또한 '귿'이라 발음했다. 그래서 'ㄷ'의 음가를 표시한 '池末'은 '지끝'이 아니라 '디귿'이 된다.)

3장

소리에 관한 것

발음에 따른 표기 변화

제3장에서는 소리에 관한 내용을 다룬다.

제1절은 된소리다. 된소리란 'ㄲ', 'ㄸ', 'ㅃ', 'ㅆ', 'ㅉ'처럼 자음이 겹쳐 나는 소리를 말한다. 우리말에는 된소리로 발음하는 것이 많다. 한글 맞춤법 제5항은 된소리로 발음되는 말을 어떤 경우에 된소리로 표기하고 어떤 경우에 된소리로 표기하지 않는지 밝힌다.

제5항 | 한 단어 안에서 뚜렷한 까닭 없이 나는 된소리는 다음 음절의 첫소리를 된소리로 적는다

염두에 두어야 할 것들을 살펴보자. 먼저 '한 단어'라는 말이다. 한 단어란 형태소가 하나인 말을 뜻한다. 주지하듯이 형태소는 "뜻을 가진 가장 작은 말의 단위"다. 그렇다면 둘 이상의 형태소로 이루어진 단어('눈곱', '발바닥' 등의 복합어)는 이 조항의 적용을 받지 않게 된다. '오빠'는 모음 'ㅗ'와 모음 'ㅏ' 사이에서 '뚜렷한 까닭 없이' 된소리(ㅃ)가 나는 단어이므로 소리 나는 대로 적는다. 이는 곧 '옵바'라고 적을 이유가 없다는 것인데, '옵'과 '바' 모두 뜻을 가진 말이 아니기 때문이다.

'ㄴ', 'ㄹ', 'ㅁ', 'ㅇ' 받침 뒤에서 나는 된소리도 '한 단어 안에서 뚜렷한 까닭 없이' 나는 것이라면 소리 나는 대로 적는다. '잔뜩', '살짝', '담뿍', '몽땅'을 예로 들 수 있는데, 이 단어들 또한 그 자체로 하나의 형태소다. 다만 '번개', '딸기', '함지', '뭉실'을 보면 알 수 있듯이 'ㄴ', 'ㄹ', 'ㅁ', 'ㅇ' 받침이 뒤에 오는 모든 예사소리를 된소리로 만들지는 않는다. 이처럼 'ㄴ', 'ㄹ', 'ㅁ', 'ㅇ' 받침 뒤에서 된소리가 나는 데에는(나지 않는 데에도) 뚜렷한 까닭이 없으므로 소리 나는 대로 적는 것이다.

다만 'ㄱ', 'ㅂ' 받침 뒤에서 나는 된소리는 된소리로 적지 않는다. '국수'[국쑤], '깍두기'[깍뚜기], '갑자기'[갑짜기], '몹시'[몹ː씨] 등을 예로 들 수 있다. 이 같은 예외를 둔 것은 'ㄱ', 'ㅂ' 받침 뒤에 연결되는 'ㄱ', 'ㄷ', 'ㅂ', 'ㅅ', 'ㅈ'은 하나같이 된소리로 발음되므로 굳이 소리 나는 대로 적을 필요가 없기 때문이다. 그런데 여기에 또 예외가 있다. 같거나 비슷한 음절이 거듭되면 'ㄱ', 'ㅂ' 받침 뒤라도 소리 나는 대로 적는 것이다.('똑똑', '쓱싹', '쌉쌀' 등.)

한편 '믿다'[믿따], '잊다'[읻따], '낯설다'[낟썰다]처럼 앞말의 받침이 [ㄷ]으로 발음될 때 뒷말의 첫소리가 된소리로 발음되면 소리 나는 대로 적지 않는다. 이는 이러한 말들이 어간+어미(믿+다/잊+다), 어근+어근(낯+설다)의 형태로, 곧 두 개의 형태소로 이루어졌기 때문이다.

제2절에서 다루는 것은 구개음화다.

제6항 | 'ㄷ, ㅌ' 받침 뒤에 종속적 관계를 가진 '-이(-)'나 '-히-'가 올 적에는 그 'ㄷ, ㅌ'이 'ㅈ, ㅊ'으로 소리 나더라도 'ㄷ, ㅌ'으로 적는다

구개음화란 무엇인가? 구개음은 혓바닥과 경구개硬口蓋, 곧 입천장 앞쪽 단단한 부분 사이에서 나는 소리로 'ㅈ', 'ㅉ', 'ㅊ' 따위를 말한다. "끝소리가 'ㄷ', 'ㅌ'인 형태소가 모음 'ㅣ'나 반모음 'ㅣ[j]'로 시작되는 형식 형태소와 만나면 그것이 구개음 'ㅈ', 'ㅊ'이 되거나, 'ㄷ' 뒤에 형식 형태소 '히'가 올 때 'ㅎ'과 결합하여 이루어진 'ㅌ'이 'ㅊ'이 되는 현상"이 바로 구개음화다. '굳이'가 '구지', '굳히다'가 '구치다'가 되는 것이 대표적인 예다. 요컨대 받침 'ㄷ'과 'ㅌ'이 특정한 조건에서 'ㅈ', 'ㅊ'으로 소리 나도 원래대로 'ㄷ', 'ㅌ'으로 표기한다는 것이 제6항의 내용이다.

이 항에서는 '종속적 관계'라는 말이 중요하다. 이 또한 형태소와 관련된다. 형태소에는 실질 형태소(체언, 어근, 용언의 어간 등)와 형식 형태소(조사, 접미사, 어미 등)가 있다. '종속적 관계'란 실질 형태소에 형식 형태소가 결합하는 관계를 말한다. 구개음화는 이러한 관계하에서만 실현된다. 형식 형태소가 결합하지 않으면 일어나지 않는 것이다. '해돋이'는 '해'와 '돋이'가 결합한 말이다. '돋이'는 실질 형태소인 용언 '돋다'의 어근 '돋-'에 형식 형태소인 명사 파생 접미사 '-이'가 붙은 말이므로 '해도지'로 소리 나도 '해돋이'로 표기한다. '곧이'가 '고지'로 소리나는 반면 '곧이어'는 '고지어'가 아니라 '고디어'로 소리나는 것은, '곧이'는 '곧-'(실질 형태소/어근)에 '-이'(형식 형태소/부상 파생 접미사)가 붙은 말이라 구개음화가실현된 데 반해, '곧이어'는 '곧'(실질 형태소/부사)에 '이어'(실질 형태소/부사)가 결합한 말이라 구개음화가 일어나지 않기 때문이다.

한글 맞춤법에 구개음화 조항을 둔 까닭은 실질 형태소와 형식 형태소가 결합할 때 실질 형태소가 드러나도록 하기 위해서다. 예컨대 '해돋이'를 구개음화가 실현된대로 '해도지'라고 적으면 '돋다'의 의미가 드러나지 않는표기가 되어버리는 것이다.

이어서 제3절 'ㄷ' 소리 받침의 내용을 살펴보자.

제7항 | 'ㄷ' 소리로 나는 받침 중에서 'ㄷ'으로 적을 근거가 없는 것은 'ㅅ'으로 적는다

한글에서 'ㄷ'으로 소리 나는 받침으로는 'ㄷ', 'ㅅ', 'ㅆ', 'ㅈ', 'ㅊ', 'ㅌ', 'ㅎ'이 있다. 이 받침들은 다음과 같은 경우 모두 'ㄷ'으로 소리 난다.

① 뒤에 형태소가 붙지 않을 때
② 자음으로 시작하는 형태소가 붙을 때
③ 실질 형태소가 붙을 때

순서대로 예를 들면 '밭', '빛', '꽃'은 [받], [빋], [꼳]으로, '밭과', '젖다', '꽃병'은 [받꽈], [젇따], [꼳뼝]으로, '젖어미'는 [저더미]로 소리 나는 것이다. 이때 "'ㄷ' 소리로 나는 받침 중에서 'ㄷ'으로 적을 근거가 없는 것은 'ㅅ'으로 적는다"는 것이 이 절의 내용이다. '돗자리', '웃어른', '얼핏' 등은 각각 [돋자리], [우더른], [얼핃]으로 소리 나지만 여기서 'ㅅ'은 'ㄷ'으로 적을 근거가 없기 때문에 'ㅅ'으로 적은 것이다.

'ㄷ'뿐만 아니라 다른 자음으로 적을 근거가 없을 때도 이 조항이 그대로 적용된다. '밭', '빛', '꽃'과 같이 받침이 'ㄷ' 소리가 나도 'ㅌ', 'ㅊ' 등 다른 자음으로 적어야 할 명백한 근거가 있을 때는 그대로 적지만, '낫', '빗'과 같이 'ㄷ'이나 다른 자음으로 적을 근거가 없으면 'ㅅ'으로 적는다.

　이 조항은 'ㄷ'으로 적을 근거가 뚜렷한 것은 반드시 'ㄷ'으로 적는다는 뜻이기도 하다. '맏이', '낟알' 등은 '맏', '낟' 등이 본디 'ㄷ' 받침을 가지고 있는 말이므로 살려 적는다. '돋보다(도두보다)', '딛다(디디다)'처럼 준말이 되면서 'ㄷ' 받침을 갖게 된 말들도 그대로 살려 적는다. '반짇고리', '사흗날', '숟가락', '이튿날'처럼 'ㄹ' 소리와 관련되어 'ㄷ'으로 소리 나면 'ㄷ' 받침으로 적는데, 이에 대해서는 뒤에서(제4절 제29항) 다시 살펴보겠다. 제7항 역시 "표준어를 소리대로 적되, 어법에 맞도록 함을 원칙으로 한다"는 제1항의 대전제를 따르고 있다.

　제4절은 모음에 관한 것이다.

제8항 | '계, 례, 몌, 폐, 혜'의 'ㅖ'는 'ㅔ'로 소리 나는 경우가 있더라도 'ㅖ'로 적는다

이 항에서는 모음 'ㅖ'가 'ㅔ'로 소리 나는 경우가 있더라도 'ㅖ'로 적는 글자를 나열하는데 '계', '례', '몌', '폐', '혜' 따위다. '계수桂樹', '사례謝禮', '연몌連袂', '폐품廢品', '혜택惠澤', '계집', '핑계', '계시다' 등의 낱말을 예로 들 수 있다.('연몌'라는 말이 생소하다. "나란히 서서 함께 가거나 옴", "행동을 같이함"이라는 뜻이라고 한다.)

표준어 규정의 표준 발음법(제2장 제5항)에 따르면 '예, 례'를 제외한 'ㅖ'는 [ㅔ]로 발음하는 것을 허용한다. '예, 례'를 제외한 나머지 환경에서 [ㅔ]로 발음될 때가 많기 때문이다. 예컨대 '계시다', '혜택'은 [게ː시다], [헤ː택] 도 표준 발음으로 인정된다. 다만 표기는 다른 문제다. 이 항에서 '소리 나는 경우가 있더라도'라는 단서를 단 것은 이 때문이다. 이는 'ㅖ'가 [ㅔ]로 발음되는 일이 있어도 표기가 'ㅖ'로 굳어졌고 언중이 'ㅖ'를 바른 표기로 인식 한다는 판단에 따른 것이다.

제9항 | '의'나, 자음을 첫소리로 가지고 있는 음절의 'ㅢ'는 'ㅣ'로 소리 나는 경우가 있더라도 'ㅢ'로 적는다

이 항은 'ㅢ'가 'ㅣ'로 소리 나는 경우가 있더라도 'ㅢ'로 적는다는 내용이다. 이에 해당하는 예는 '의' 혹은 자음 을 첫소리로 가지고 있는 음절의 'ㅢ'다. '본의本義'의 '의' 는 '이'로도 소리 나지만([보늬]/[보니] 모두 허용한다) 표 기는 '의'로만 한다. '띄어쓰기'의 '띄'는 '띠'로 소리 나지 만(표준 발음은 [띠어쓰기]/[띠여쓰기]다) 표기는 '띄'로만

한다. 이는 익숙해진 표기를 따르지 않을 이유가 없고 발음의 변화를 표기에 모두 반영하기 어려운 현실을 반영한 것이다.

표준 발음법 제5항에서 '의'의 발음은 다음과 같이 규정한다. ① 자음을 첫소리로 가지고 있는 음절의 '의'는 [ㅣ]로 발음한다. '씌어'는 [씨어/씨여], 유희는 [유히]로 발음하는 것이다. ② 단어의 첫음절 이외의 '의'는 [이]로, 조사 '의'는 [에]로 발음할 수 있다. '주의'는 [주의/주이]로, '우리의'는 [우리의/우리에]로 발음할 수 있는 것이다.

'의'를 '의'로 적는 세 가지 유형은 다음과 같다. ① 모음 'ㅡ, ㅣ'가 줄어든 형태. '씌어(쓰이어)', '틔어(트이어)' 등이다. ② 한자어인 경우. '의의意義', '희망希望', '유희遊戱' 등이다. ③ 발음과 표기의 전통에 따른 경우. '무늬', '하늬바람', '늴리리', '닁큼' 등이다.

제5절에서는 제10항부터 제12항까지 두음 법칙을 다룬다.

두음 법칙은 단어의 첫머리에 특정한 소리가 나타나지 못하고 다른 형태로 실현되는 일을 말한다. 눈여겨볼 점은 두음 법칙이 적용되는 단어의 첫머리는 모두 한자음이라는 것이다.

제10항 | 한자음 '녀, 뇨, 뉴, 니'가 단어 첫머리에 올 적에는, 두음 법칙에 따라 '여, 요, 유, 이'로 적는다

한자음 '녀', '뇨', '뉴', '니'가 단어 첫머리에 올 적에는, 두음 법칙에 따라 '여, 요, 유, 이'로 적는다. '녀자女子', '뇨소尿素', '뉴대紐帶', '닉명匿名'은 각각 '여자', '요소', '유대', '익명'으로 적는다. 단 의존 명사는 '냐', '녀' 음이 인정된다. '냥兩', '냥쭝兩-', '년年' 등이 이에 해당한다.

다음과 같은 경우에는 본음대로 적는다. 먼저 해당 한자음이 단어의 첫머리에 올 때가 아닌 경우다. '남녀男女', '당뇨糖尿', '결뉴結紐', '은닉隱匿' 등이 그 예다. '신여성新女性', '공염불空念佛', '남존여비男尊女卑' 등과 같이 접두사처럼 쓰이는 한자가 붙어서 된 말이나 합성어는 뒷말의 첫소리가 'ㄴ' 소리로 나더라도 두음 법칙을 적용하여 적는다. 둘 이상의 단어로 이루어진 고유 명사를 붙여 쓸 때도 마찬가지로 두음 법칙을 적용한다. '한국여자대학', '대한요소비료회사' 등이 그 예다.

'年', '年度'는 의존 명사로 쓰일 때는 본음대로 적고, 명사로 쓰일 때는 두음 법칙을 적용한다. '年'은 '일 년'에서

는 의존 명사로, '연 강수량'에서는 명사로 쓰였다. '年度'
는 '2025년도'에서는 의존 명사로, '회계 연도'에서는 명
사로 쓰였다.

**제11항 | 한자음 '랴, 려, 례, 료, 류, 리'가 단어의 첫머리에 올
적에는, 두음 법칙에 따라 '야, 여, 예, 요, 유, 이'로 적는다**

'양심良心', '역사歷史', '예의禮儀', '용궁龍宮', '유행流行', '이발
理髮' 등을 예로 들 수 있다. 다만 여기서도 의존 명사는 본
음대로 적는다. 거리의 단위인 '리里'("몇 리냐?"), 까닭이
나 이치의 뜻을 지닌 '리理'("그럴 리가 없다")가 그것이다.

  단어의 첫머리에 오지 않을 때는 다음과 같이 본음대로
적는다. '개량改良', '선량善良', '수력水力', '협력協力', '사례謝
禮', '혼례婚禮', '와룡臥龍', '쌍룡雙龍', '하류下流', '급류急流',
'도리道理', '진리眞理' 등.('쌍룡'은 '와룡臥龍', '수룡水龍', '잠
룡潛龍'처럼 하나의 단어로 굳어졌다고 본다.)

  다만 모음이나 'ㄴ' 받침 뒤에 이어지는 '렬', '률'은
'열', '율'로 적는다는 것을 기억해 두자.(외래어에도 동일
하게 적용된다.) '羅列'은 '나렬'이 아니라 '나열'이고, '分
裂'은 '분렬'이 아니라 '분열'이다. '失敗率'은 '실패률'이
아니라 '실패율'이고, '百分率'은 '백분률'이 아니라 '백분

율'이다. 이는 글자의 실제 소리를 따른 것이다.

'신립申砬', '채륜蔡倫'처럼 외자 이름을 성에 붙일 때도 본음으로 적을 수 있다.(신입/신립, 채윤/채륜 모두 가능하다.)

'국련(국제 연합)', '한시련(한국 시각 장애인 연합회)'처럼 준말에서 본음으로 소리 날 때는 본음으로 적는다. 이는 '국련', '한시련'의 '연聯'이 하나의 단어가 아니기 때문이다.

접두사처럼 쓰이는 한자가 붙어서 된 말이나 합성어에서, 뒷말의 첫소리가 'ㄴ' 또는 'ㄹ' 소리로 나더라도 두음 법칙에 따라 적는다. '역이용逆利用', '연이율年利率', '열역학熱力學', '해외여행海外旅行' 등이 그 예다. 한편 고유어나 외래어 뒤에 결합한 한자어는 독립적인 한 단어로 인식되므로 두음 법칙이 적용된다. '구름-양量', '먹이-양量', '에너지energy-양量'이 그 예다. 다만 한자어와 결합할 때는 '운량雲量'처럼 본음대로 적는다.

'서울여관', '신흥이발관', '육천육백육십육六千六百六十六'처럼 둘 이상의 단어로 이루어진 고유 명사를 붙여 쓸 때나 십진법에 따라 쓰는 수數도 두음 법칙을 따라 적는다. 다만 '오륙도五六島', '사륙판四六判' 등은 구조상 '오'와 '육', '사'와 '육'이 각각 독립적인 단어라고 할 수 없으므로 본음대로 적는다.

제12항 | 한자음 '라, 래, 로, 뢰, 루, 르'가 단어의 첫머리에 올 적에는, 두음 법칙에 따라 '나, 내, 노, 뇌, 누, 느'로 적는다

'낙원樂園', '내일來日', '노인老人', '뇌성雷聲', '누각樓閣', '능묘陵墓'가 그 예다. 다만 단어의 첫머리 이외에는 본음대로 적고('쾌락快樂', '거래去來', '연로年老', '광한루廣寒樓'), 접두사처럼 쓰이는 한자가 붙어서 된 단어는 뒷말을 두음 법칙에 따라 적는다('중노동重勞動', '비논리적非論理的'). 그러나 '고랭지高冷地'는 '고+냉지'가 아니라 '고랭+지'로 분석되므로 본음대로 적는다.

'강릉江陵', '태릉泰陵', '서오릉西五陵' 등의 '릉陵'이나 '공란空欄', '소식란消息欄', '투고란投稿欄' 등의 '란欄'은 한자어 뒤에 결합한 한 음절 형태소이므로 독립적인 단어로 인식되지 않아 본음대로 적는다. 다만 '欄'이 고유어나 외래어 뒤에 붙을 때에는('어린이난', '가십난' 등) 하나의 단어로 인식되므로 '구름양'과 같이 두음 법칙을 적용한다.

제6절은 겹쳐 나는 소리를 다룬다.

제13항 | 한 단어 안에서 같은 음절이나 비슷한 음절이 겹쳐 나는 부분은 같은 글자로 적는다

'씩씩'이나 '씩식'이나 발음은 같지만 '씩씩'으로 적을 때 같은 글자가 반복된다는 것을 좀 더 직관적으로 알 수 있다. '딱딱', '똑똑' 등도 마찬가지고 '꼿꼿하다', '싹싹하다' 등의 형용사도 같은 예로, 이렇게 적는 것이 우리말 표기에서는 자연스럽다.

문제는 한자어다. 한자어도 같은 음절이 겹쳐 소리 나는 것이 있는데, 두음 법칙의 적용 여부에 따라 표기가 달라진다. 예를 들어 '冷' 자는 '냉'으로도 '랭'으로도 소리가 난다.('냉수', '급랭'). '冷冷'은 '냉냉'이 아니라 '냉랭'으로 적는다. '年年生'도 '연연생'이 아니라 '연년생'으로 적는다. 이렇게 적는 이유는 발음에 따른 것이다. '冷冷'은 [냉냉]이 아니라 [냉랭]으로, '年年生'은 [연연생]이 아니라 [연년생]으로 발음한다. 반면 '類類相從'과 '屢屢이'는 두음 법칙에 따라 '유류상종'이나 '누루이'로 적지 않고 '유유상종'과 '누누이'로 적는데, 이 또한 발음에 따른 것으로([유ː유상종], [누ː누이]), 같은 음절이 반복되는 말로 인식되어 왔기 때문이다.

4장

형태에 관한 것

구별하기와 원형 밝히기

한글 맞춤법 제4장은 형태에 관한 것이다.

제1절 제14항부터 보자.

제14항 | 체언은 조사와 구별하여 적는다

이 조항은 "표준어를 소리대로 적되, 어법에 맞도록 함을 원칙으로 한다"는 한글 맞춤법 제1항을 또다시 상기시킨다. 체언을 조사와 구별하여 적지 않으면(소리대로만 적고 어법에 맞도록 하지 않으면) 어떻게 될까? 체언 '삶'에 조사 '이', '을', '에', '도', '만'이 결합하는 경우를 보자. 이때 '삶'을 조사와 구별하여 적지 않으면 각각 '살미', '살믈', '살메', '삼도', '삼만'이 된다. '삶'의 원래 모양을 알아볼 수 없고, 나아가 실질 형태소(체언)와 형식 형태소(조사)의 경계 또한 불명확하다. 이 같은 이유로 '삶이', '삶을', '삶에', '삶도', '삶만'과 같이 체언과 조사의 본모양을 밝혀 적는 것이다. 이렇게 하면 의미를 파악하기가 쉬워 글을 좀 더 효율적으로 읽을 수 있다.

제2절은 제15항부터 제18항에 걸쳐 어간과 어미를 다룬다.

동사 '웃다'의 어간은 '웃-', 어미는 '-다'이다. 이 조항에 따라 '웃다'는 '웃고', '웃어', '웃으니' 등과 같이 어간(실질 형태소)과 어미(형식 형태소)를 구별하여 적는다. 이는 체언을 조사와 구별하여 적는 것과 동일한 이유에서다. 동사 '읽다'를 예로 들어보자. '읽다'에 어미 '-고', '-지', '-는', '-으니'를 결합하여 소리 나는 대로 적으면 '일꼬', '익찌', '잉는', '일그니'가 되어 실질 형태소와 형식 형태소의 원래 모양을 알 수 없게 된다. 따라서 어법에 맞도록 '읽고', '읽지', '읽는', '읽으니' 등으로 적는 것이다.

'넘어지다'를 '너머지다'로 적지 않고 '드러나다'를 '들어나다'로 적지 않는 까닭은 무엇일까? '넘어지다'와 '드러나다'는 모두 두 개의 용언이 어울려 하나가 된 용언이다. '넘어지다'는 '넘다+지다', '드러나다'는 '들다+나다'의 형태다. 이때 앞말의 본뜻이 살아 있으면 원형을 밝혀 적고, 그렇지 않으면 밝혀 적지 않는다. '넘어지다'에는 '넘다'의 의미가 살아 있는 반면, '드러나다'에는 '들다'의 의미가 살아 있지 않으므로 각각 '넘어지다', '드러나다'로 표기한다.

종결 어미 '-오'는 '요'로 소리 날 때도 원형을 밝혀 '오'

로 적는다.('이것은 빛이오.' '그리로 가시오.' '저것은 구름이 아니오.') 하지만 연결형으로 쓰이는 '이요'는 그대로 '이요'로 적는다.('이것은 설탕이요, 저것은 소금이요, 또 저것은 후추다.') 여기서 주의할 것은 '이요'는 연결 어미가 아니라는 점이다. '이요'는 조사 '이다'의 어간 '이-'에 어미 '-요'가 결합한 형태로 이해해야 한다. 그러지 않으면 '설탕이요'를 체언에 어미가 결합한 형태로 설명해야 하기 때문이다.(이는 문법적 오류다.)

제16항은 모음 조화를 다룬다.

제16항 | 어간의 끝음절 모음이 'ㅏ, ㅗ'일 때에는 어미를 '-아'로 적고, 그 밖의 모음일 때에는 '-어'로 적는다

모음 조화는 어간의 모음에 따라 어미의 모음이 결정되는 것을 말한다. 우리말에서 어간 끝음절 모음이 'ㅏ', 'ㅑ', 'ㅗ'일 때는 '-아' 계열의 어미('-아', '-아도', '-아서', '-았-', '-았었-')가 결합하고, 'ㅐ', 'ㅓ', 'ㅔ', 'ㅕ', 'ㅚ', 'ㅜ', 'ㅟ', 'ㅡ', 'ㅢ', 'ㅣ' 등일 때는 '-어' 계열의 어미('-어', '-어도', '-어서', '-었-', '었었-')가 결합한다. 동사 '북돋다'는 '복돋우다'의 준말인데 두 낱말은 활용할 때 뒤에 붙는 어미의 형태가 다르다. '북돋다'는 어간 '북돋-'의 끝 음절 모음이 'ㅗ'이므로 '북돋아', '북돋아도', '북돋아서', '북돋았다' 등으로 활용하는 반면, '북돋우다'는 어간 '북돋우-'의 끝음절 모음이 'ㅜ'이므로 '북돋워', '북돋워도', '북돋워서', '북돋웠다' 등으로 활용하는 것이다.

제17항 | 어미 뒤에 덧붙는 조사 '요'는 '요'로 적는다

보조사 '요'는 다음과 같이 주로 종결 어미 뒤에 붙어 청자에게 높임의 뜻을 나타낸다. '뛰어요', '뛰리요', '뛰지요', '뛸까요'. '요'는 또 체언이나 부사어, 연결 어미 등과도 결합하여 다음과 같이 청자에게 존대의 뜻을 나타낼 수도 있다. '하늘은요, 더없이 맑아요.' '얼른요, 불러보세요.'

'막으리요'와 '막으리오'는 어떻게 다를까? '막으리요'는 '막-(어간)+-으리-(어미)+요'(조사)와 같이 분석할 수 있고, '막으리오'는 '막-(어간)+-으리오'(어미)의 형태다. '쳐들어오는 적을 내가 막으리요.' 이 문장에서 어미 '-으리-'는 의지나 의향을 나타낸다. 그러므로 '-으리-'에 조사 '요'가 결합한 '막으리요'는 '막겠다'와 의미가 서로 통하게 된다. 한편 어미 '-으리오'는 대개 "혼잣말로 쓰여, 사리로 미루어 판단하건대 어찌 그러할 것이냐고

   1부 한글 맞춤법 1

반문하는 뜻을” 나타낸다. ‘막으리요’는 의지, ‘막으리오’는 반문의 의미를 지닌 혼잣말로 보면 된다. ‘이 노래는 내가 부르리요.’(의지) ‘그런 노래를 어찌 부르리오.’(반문)

제18항 | 다음과 같은 용언들은 어미가 바뀔 경우, 그 어간이나 어미가 원칙에 벗어나면 벗어나는 대로 적는다

이 항은 다루는 내용이 많으니 찬찬히 살펴보자. ‘원칙에 벗어나면’은 ‘어간 혹은 어미의 모양이 바뀌면’이라는 뜻이다. 여기에는 세 가지 경우가 있다.

　① 어간의 모양이 변하는 것
　‘싣다’는 어미 ‘-어’가 결합하면 어간 ‘싣-’이 ‘실-’로 변한다.
　② 어미의 모양이 변하는 것
　‘하다’는 어미 ‘-아’가 결합하면 어미 ‘-아’가 ‘-여’로 변한다.
　③ 어간과 어미의 모양이 모두 변하는 것
　‘파랗다’는 어미 ‘-아’가 결합하면 어간 ‘파랗-’과 어미 ‘-아’가 둘 다 변하여 ‘파래’가 된다.

'놀다'는 '노니', '논', '놉니다', '노시다', '노오' 등으로 활용하는데, 이때 어간 '놀-'의 'ㄹ'이 줄어들고 준 대로 표기한다. '마지못하다', '마지않다', '-다마다', '-자마자' 등도 'ㄹ'이 탈락한 형태 그대로 표기한다. '말지못하다', '말지않다', '-다말다', '-자말자'는 모두 잘못 적은 것이다. 어간의 끝 'ㄹ'이 줄어든 경우다.

'낫다'는 '나아', '나으니', '나았다' 등으로 활용하며 이때는 어간 '낫-'의 'ㅅ'이 줄어들고 준 대로 표기한다.(다만 '벗다', '빗다', '빼앗다', '솟다', '씻다', '웃다' 등은 활용할 때 어간이 변하지 않고 고정된다.) 어간의 끝 'ㅅ'이 줄어든 경우다.

'하얗다'는 '하야니', '하얄', '하야면', '하야오' 등으로 활용하고 이때 어간 '하얗-'의 'ㅎ'이 줄어들고 준 대로 표기한다. 어간의 끝 'ㅎ'이 줄어든 경우로, 이는 모음으로 시작하는 어미 앞에서 어간의 'ㅎ'이 나타나지 않아 나타나지 않은 대로 적은 것이다. 따라서 '하얗-'에 어미 '-아'가 결합하면 '하얘'가 되고, '노랗-'에 어미 '-아'가 결합하면 '노래'가 되며, '퍼렇-'에 어미 '-어'가 결합하면 '퍼레'가 된다. 그리고 '노랗다'와 같이 어간 끝 받침이 'ㅎ'인 어간에 어미 '-네'가 결합할 때는 '노라네', '노랗네' 등과 같이 활용한다.(다만 '그렇다', '이렇다', '저렇다'

는 '그래', '이래', '저래'로 일관되게 활용한다. 그리고 어간 끝 받침이 'ㅎ'인 형용사 중에서 '좋다'는 활용할 때 'ㅎ'이 탈락하지 않는다는 것을 염두에 두자.)

'푸다'는 '퍼', '펐다' 등으로 활용하는데 이때는 어간 '푸-'에서 모음 'ㅜ'가 줄어들었다.(이러한 현상을 보이는 예는 '푸다'뿐이다.) '담그다'는 '담가', '담갔다' 등으로 활용하는데 이때는 어간 '담그-'에서 모음 'ㅡ'가 줄어들었다.('가쁘다', '고프다', '기쁘다', '끄다', '나쁘다', '따르다', '뜨다', '미쁘다', '바쁘다', '슬프다', '아프다', '예쁘다', '잠그다', '치르다', '크다', '트다' 등도 이와 같이 활용한다.) 어간의 끝 'ㅜ', 'ㅡ'가 줄어든 경우다.

'묻다'는 '물어', '물으니', '물었다' 등으로 활용하는데 이때는 어간 '묻-'의 'ㄷ'이 'ㄹ'로 바뀌었다.(다만 '(땅에) 묻다'의 '묻다'는 '묻어', '묻으니', '묻었다' 등으로 어간의 'ㄷ'이 고정된 채로 활용한다.) 이는 어간의 끝 'ㄷ'이 'ㄹ'로 바뀐 경우다.

'(걸음을) 걷다', '긷다', '깨닫다', '눋다', '닫다(빨리 뛰다)', '듣다', '(물음을) 묻다', '붇다', '싣다', '일컫다' 등은 어간이 바뀌는 말이다.

'(빨래를) 걷다', '곧다', '굳다', '(문을) 닫다', '돋다', '뜯다', '(땅에) 묻다', '믿다', '받다', '벋다', '뻗다' 등은 어간이 바뀌지 않는 말이다.

'밉다'는 '미워', '미우니', '미웠다' 등으로 활용하는데 이때 어간 '밉-'의 'ㅂ'이 'ㅜ'로 바뀌었다.(다만 '돕다', '곱다' 등과 같이 '돕-', '곱-' 같은 단음절 어간에 어미 '-아'가 결합할 때 '-와'로 소리 나는 것은 그대로 '-와'로 적는다. '도와', '도와서', '도와도', '도왔다', '고와', '고와서', '고와도', '고왔다'.) 어간의 끝 'ㅂ'이 'ㅜ'로 바뀐 경우다.

'가깝다', '가볍다', '간지럽다', '괴롭다', '(고기를) 굽다', '깁다', '노엽다', '눕다', '더럽다', '덥다', '맵다', '메스껍다', '무겁다', '미덥다', '밉다', '사납다', '서럽다', '쉽다', '아니꼽다', '어둡다', '역겹다', '즐겁다', '지겹다', '차갑다', '춥다', '꽃답다', '슬기롭다', '자연스럽다' 등은 어간이 바뀌는 말이다.

'(추위에 손이) 곱다', '(허리가) 굽다', '꼬집다', '(손을) 꼽다', '다잡다', '비집다', '뽑다', '수줍다', '씹다', '업다', '잡다', '접다', '좁다', '집다', '헤집다' 등은 어간이 바뀌지 않는 말이다.

'하다'는 '하여', '하여서', '하여도', '하여라', '하였다' 등으로 활용하는데, 이때 어미 '-아'는 '-여'로 바뀌었다.('하여'는 '해'로 줄 수 있다. 한글 맞춤법 제34항 붙임 2). 이는 '하다'의 활용에서 어미 '-아'가 '-여'로 바뀌는 경우다.

‘푸르다’는 ‘푸르러’, ‘푸르렀다’ 등으로 활용하며 이때 어간 ‘푸르-’에 결합한 어미 ‘-어’는 ‘-러’로 바뀌었다. 이는 어간의 끝음절 ‘르’ 뒤에 오는 어미 ‘-어’가 ‘-러’로 바뀌는 경우다.

‘오르다’는 ‘올라’, ‘올랐다’ 등으로 활용하는데 이때 어간 ‘오르-’의 ‘르’에서 모음 ‘ㅡ’가 줄고 어미 ‘-아’가 ‘-라’로 바뀌었다. ‘구르다’는 ‘굴러’, ‘굴렀다’ 등으로 활용하는데 이때는 어간 ‘구르-’의 ‘르’에서 모음 ‘ㅡ’가 줄고 어미 ‘-어’가 ‘-러’로 바뀌었다.(다만 ‘(빛깔이) 누르다’의 ‘누르다’, ‘(목적지에) 이르다’의 ‘이르다’는 이에 해당하지 않아 ‘누르러’, ‘누르렀다’, ‘이르러’, ‘이르렀다’ 등으로 활용한다.) 이는 어간의 끝음절 ‘르’의 ‘ㅡ’가 줄고, 그 뒤에 오는 어미 ‘-아/-어’가 ‘-라/-러’로 바뀌는 경우다.

한편 동사 ‘말다’에 어미 ‘-아라’가 결합하면 ‘마라’, ‘말아라’ 두 가지로 활용하고, 어미 ‘-아’가 결합할 때도 ‘마’, ‘말아’ 두 가지로 활용한다. 어미 ‘-라’가 결합할 때 ‘말라’는 청자가 정해지지 않은 명령문이나 간접 인용문에서 사용된다.(‘자기의 일을 남에게 미루지 말라.’ ‘실내에서는 떠들지 말라고 하셨다.’)

어간의 끝음절 ‘르’ 뒤에 모음으로 시작하는 어미가 붙으면 어간의 모음 ‘ㅡ’가 탈락하면서 ‘ㄹ’이 덧붙는 현상

이 있다.('가파르다'의 어간 '가파르-'에 어미 '-아'가 결합
하면 '가팔라'가 된다.)

　'르'로 끝나는 어간에 피·사동 접미사 '-이-'가 결합할
때도 마찬가지로 모음 'ㅡ'가 탈락하며 'ㄹ'이 덧붙는다.
'부르다'는 '불리다'로, '구르다'는 '굴리다'로 활용하는 것
이다.

　제3절은 제19항부터 제26항까지 접미사가 붙어서 된
말을 다룬다. 이 절 또한 살펴볼 내용이 많다.

**제19항 | 어간에 '-이'나 '-음/-ㅁ'이 붙어서 명사로 된 것과
'-이'나 '-히'가 붙어서 부사로 된 것은 그 어간의 원형을 밝히
어 적는다**

'깊다'의 어간 '깊-'에 접미사 '-이'가 붙으면 명사 '깊이'
가 되는데, 이때 '기피'라고 적지 않고 어간 '깊-'의 원형
을 밝혀 적는다. '얼다'의 어간 '얼-'에 접미사 '-ㅁ'이 붙
으면 명사 '얼음'이 되는데, 이때 '어름'이라고 적지 않고
어간 '얼-'의 원형을 밝혀 적는다. 명사를 만드는 접미사
'-이'나 '-음/-ㅁ'은 어간의 본래 뜻을 유지하면서 비교
적 많은 어간에 결합할 수 있기 때문이다.

‘많다’의 어간 ‘많-’에 접미사 ‘-이’가 붙으면 부사 ‘많이’가 되는데, 이때 ‘마니’라고 적지 않고 어간 ‘많-’의 원형을 밝혀 적는다.

‘밝다’의 어간 ‘밝-’에 접미사 ‘-히’가 붙으면 부사 ‘밝히’가 되는데, 이때 ‘발키’라고 적지 않고 어간 ‘밝-’의 원형을 밝혀 적는다.

주의할 것은 어간에 ‘-이’나 ‘-음’이 붙어 명사로 바뀌었더라도 그 어간의 뜻과 멀어진 말은 원형을 밝혀 적지 않는다는 점이다. 예를 들면 “한 태에 낳은 여러 마리 새끼 가운데 가장 먼저 나온 새끼”를 일컫는 말인 ‘무녀리’는 ‘열다’라는 뜻과 멀어진 말이므로 ‘문열이’가 아니라 ‘무녀리’로 적는다. ‘목거리’(목이 아픈 병), ‘노름’(돈내기)은 ‘목걸이’(장신구), ‘놀음’(놀이)과 달리 어간의 뜻과 멀어진 말이므로 어간의 원형을 밝혀 적지 않은 것이다.

다만 불규칙 활용을 하는 어간에 ‘-이’, ‘-음’이 결합하여 소리가 변하면 변한 대로 적는다. ‘ㅂ’ 불규칙 용언인 ‘곱다’의 ‘곱-’에 ‘-이’가 결합한 말은 [고:이]로, ‘부끄럽다’의 ‘부끄럽-’에 ‘-음’이 결합한 말은 [부끄러움]으로 소리 난다. ‘곱이’, ‘부끄럽음’으로 원형을 밝혀 적으면 표준어와는 다르게 [고비], [부끄러븀]으로 발음된다. 따라서 이러한 말은 소리대로 ‘고이’, ‘부끄러움’으로 적는다.

그리고 어간에 '-이'나 '-음' 이외의 모음으로 시작된 접미사가 붙어서 다른 품사, 곧 명사, 부사, 조사 등으로 바뀐 것도 그 어간의 원형을 밝혀 적지 않는다. '넘다'의 '넘-'에 접미사 '-어'가 붙어 명사로 바뀌면 어간의 원형을 밝히지 않고 '너머'라고 표기한다.

'-이'나 '-ㅁ' 외의 모음으로 시작하는 접미사는 결합하는 어간이 제한되어 있고 더 이상 새로운 말도 만들어 내지 못하므로 어간의 원형을 밝혀 적지 않는다. '맞다-'의 '맞-'에 접미사 '-우'가 붙어 부사로 바뀌면 어간의 원형을 밝히지 않고 '마주'라고 표기한다. '붙다'의 '붙-'에 접미사 '-어'가 붙어 조사로 바뀌면 어간의 원형을 밝히지 않고 '부터'라고 표기한다. 부사 '차마'는 동사 '참다'에서 온 말이기는 하지만 접미사 '-아'가 붙어 부사로 굳어진 말이므로 원형을 밝혀 적지 않는다.(다만 '참다'의 활용형인 '참아'는 어간의 원형을 밝혀 표기한다.)

제20항 | 명사 뒤에 '-이'가 붙어서 된 말은 그 명사의 원형을 밝히어 적는다

명사에 접미사 '-이'가 붙어 부사나 명사가 되면 그 명사의 원형을 밝힌다. 이는 품사가 바뀌더라도 명사의 의미

　　　　1부 한글 맞춤법 1

와 접미사 '-이'의 의미가 유지되기 때문이다. '-이'가 비교적 다양한 명사에 붙을 수 있다는 것도 명사의 원형을 밝혀 적는 이유다.

'곳곳이', '낱낱이', '몫몫이', '샅샅이', '앞앞이', '집집이' 등은 명사에 '-이'가 붙어 부사가 된 것들이고, '곰배팔이', '바둑이', '삼발이', '애꾸눈이', '육손이', '절뚝발이/절름발이' 등은 명사에 '-이'가 붙어 명사가 된 것들이다. 이 말들을 보면 '-이'가 결합했어도 명사의 의미가 그대로 살아 있고, 부사의 경우 '-이'의 기능(부사 파생 접미사)도 분명히 나타나므로 명사의 원형을 밝혀 표기하는 것이다.

다만 '-이' 외의 모음으로 시작하는 접미사가 명사에 결합할 때는 명사의 원형을 밝혀 적지 않는다. 역시 결합하는 어근이 제한적이고 더는 새로운 말도 만들어내지 못하기 때문이다. '꼬락서니'(꼴+-악서니), '끄트머리'(끝+-으머리), '모가치'(몫+-아치), '바가지'(박+-아지), '바깥'(밖+-앝), '사타구니'(샅+-아구니), '싸라기'(쌀+-아기), '이파리'(잎+-아리), '지붕'(집+-웅), '지푸라기'(짚+-우라기[-으라기]), '짜개'(짝+-애)("콩이나 팥 따위를 둘로 쪼갠 것의 한쪽") 등이 그 예다.

그런데 왜 "몫으로 돌아오는 물건"을 뜻하는 '모가치'는

'몫+-아치'로 분석되는데도 '목사치'로 적지 않고 '모가치'로 적을까? 그것은 '모가치'의 실제 발음이 [목사치]가 아니고 [모가치]이므로 '모가치'를 '몫'의 옛말인 '목'에 '-아치'가 결합한 말로 보는 것이 합리적이기 때문이다.

그럼 '값어치'는 왜 '갑서치'로 적지 않는가? '값어치'는 '값+-어치'('-이' 이외의 모음으로 시작되는 접미사)로 분석되므로 '갑서치'로 표기해야 하지만, '값'이 독립적으로 쓰이고 '-어치'도 "그 값에 해당하는 분량"이라는 뜻을 가진 말로 널리 쓰이므로 명사의 원형을 밝혀 적는 편이 합리적이기 때문이다. '벼슬아치', '반빗아치'("예전에, 반찬을 만드는 일을 맡아 하던 직책")도 같은 예에 해당하는 말이라 예외적으로 명사의 원형을 밝혀 적는다.

제21항 | 명사나 혹은 용언의 어간 뒤에 자음으로 시작된 접미사가 붙어서 된 말은 그 명사나 어간의 원형을 밝히어 적는다

'값지다'(값+-지다), '넋두리'(넋+-두리), '빛깔'(빛+-깔) 등은 명사에 자음으로 시작하는 접미사가 결합한 말이고, '낚시'(낚-+-시), '덮개'(덮-+-개), '굵다랗다'(굵-+-다랗다), '굵직하다'(굵-+-직하다), '넓적하다'(넓-+-적하다), '늙수그레하다'(늙-+-수그레하다) 등은 용언의 어간에 자음으로 시작하는 접미사가 결합한 말이다. 이와 같은 말에서는 명사 혹은 용언의 어간의 본래 뜻이 유지되고 있으므로 그 원형을 밝혀 적는다.

다만 다음 두 가지 경우에는 원형을 밝혀 적지 않는다. 첫째, 겹받침의 끝소리가 드러나지 않는 것, 둘째, 어원이 분명하지 않거나 본뜻에서 멀어진 것이다.

겹받침의 끝소리가 드러나지 않는 것은 겹받침에서 앞의 받침만 소리 날 때를 말한다. 예를 들면 '할짝거리다'는 '핥다'에서 비롯된 말인데 겹받침에서 'ㅌ'은 소리 나지 않으므로 원형을 밝히지 않고 '할짝거리다'로 적는 것이다. 반면 '굵직하다'는 [국찌카다]로 겹받침의 'ㄱ'이 소리 나므로 원형을 밝혀 '굵직하다'로 표기한다.

'널따랗다'와 '넓적하다'는 모두 '넓다'에서 파생된 말인데, '널따랗다'는 겹받침에서 'ㅂ'이 소리 나지 않으므로 원형을 밝히지 않고 '널따랗다'로 적고(같은 예: 널찍하다), '넓적하다'는 겹받침에서 'ㅂ'이 소리 나므로([넙쩌카다]) 원형을 밝혀 '넓적하다'로 표기한다(같은 예: 넓적이, 넓적넓적, 넓적다리, 넓죽하다, 넓죽넓죽, 넓죽스름하다, 넓죽이).

한편 '넙치', '올무', '골막하다'("담긴 것이 가득 차지 아니하고 조금 모자란 듯하다"), '납작하다' 등은 어원이 분명하지 않거나 본뜻에서 멀어진 말이다. '넙치'는 '넓다', '올무'는 '옭다', '골막하다'는 '곯다' 등과 관련이 있어 보이지만 어원적 형태가 분명하지 않고, '납작하다'는 어원적으로 연관되는 말이 없어서('납다'라는 말이 없다) 소리 나는 대로 표기한다.

'넙죽'도 '넓다'의 의미가 없으므로 '넙죽'으로 적는 말이다. 어간 '넓-'에 접미사가 아니라 실질 형태소가 결합하면 '넓둥글다', '넓삐죽하다' 등과 같이 원형을 밝혀 적는데, 실생활에서 사용 빈도가 높은 말은 아니다.

제22항 | 용언의 어간에 다음과 같은 접미사들이 붙어서 이루어진 말들은 그 어간을 밝히어 적는다

이 항은 용언의 어간에 접미사 '-기-', '-리-', '-이-', '-히-', '-구-', '-우-', '-추-', '-으키-', '-이키-', '-애-'가 붙어 이루어진 말, 그리고 접미사 '-치-', '-뜨리-', '-트리-'가 붙어 이루어진 말은 그 어간을 밝혀 적는다는 것이다. 이러한 접미사가 결합할 때는 용언의 의미가 유지되므로 어간의 원형을 밝혀 적어야 의미를 쉽게 파악할 수 있다.

'맡기다', '뚫리다', '낚이다', '굳히다', '솟구다', '돋우다', '갖추다', '일으키다', '돌이키다', '없애다' 등이 전자에 해당하는 말들이다. 다만 '도리다(칼로~)', '드리다(용돈을~)', '고치다', '바치다(세금을~)', '부치다(편지를~)', '거두다', '미루다', '이루다' 등처럼 본뜻('돌다', '들다', '곧다', '받다', '붙다', '걷다', '밀다', '일다')에서 멀어진 말은 소리 나는 대로 적는다.

'놓치다', '덮치다', '떠받치다', '흩뜨리다/흩트리다' 등은 후자에 해당한다. 이는 자음으로 시작하는 접미사(이 조항에서는 '-치-', '-뜨리-', '-트리-')가 결합하면 어간의 원형을 밝혀 적는다는 한글 맞춤법 제21항에 따른 것이다.

여기서는 '미덥다', '우습다', '미쁘다'처럼 '-업-', '-읍-', '-브-'가 붙어서 된 말은 소리 나는 대로 적는다는 점을 기억해 두자. '미덥다', '미쁘다'는 '믿다'의 '믿-'에 '-업-', '-브-'가 결합한 말이고, '우습다'는 '웃다'의 '웃-'에 '-읍-'이 결합한 말이지만 현재는 이처럼 분석되지 않고 하나의 뜻으로 굳어졌으므로 원형을 밝혀 적지 않는다. '기쁘다', '슬프다'도 어원적으로 보면 '미쁘다'처럼 동사의 어간에 '-브-'가 결합한 말이지만 지금은 하나의 단어로 굳어진 경우다.

제23항 | '-하다'나 '-거리다'가 붙는 어근에 '-이'가 붙어서 명사가 된 것은 그 원형을 밝히어 적는다

유명한 식품 전문 기업의 이름이기도 한 '오뚜기'는 사실 '오뚝이'를 잘못 적은 것이다. '-하다'가 붙는 어근 '오뚝-'에 명사를 만드는 접미사 '-이'가 붙으면 그 원형을 밝혀 '오뚝이'로 적는다. 이는 '오뚝-'이라는 어근의 본뜻이 유지되고 있음을 밝히기 위해서다. '깔쭉이', '살살이', '꿀꿀이', '쌕쌕이', '눈깜짝이', '더펄이', '코납작이', '배불뚝이', '푸석이', '삐죽이', '홀쭉이' 등이 같은 예다.(제트기를 속되게 이르는 말인 '쌕쌕이'는 '쌕쌕하다', '쌕쌕대다', '쌕쌕거리다'와 어근이 같은 말인 반면, 여칫과의 곤충 '쌕새기'는 '쌕쌕-'과 관련이 없는 말이므로 소리 나는 대로 적는다.)

　반면 '뻐꾹이'는 '뻐꾸기'의 잘못된 표기인데, 유추할 수 있듯이 '뻐꾹-'이라는 말에는 '-하다'나 '-거리다'가 붙지 않기 때문이다. '뻐꾹', '뻐꾹뻐꾹' 등 뻐꾸기가 우는 소리에서 '뻐꾹-'이라는 어근을 가정할 수는 있지만, '뻐꾹하다'나 '뻐꾹거리다'라고 쓰이지는 않기에 '뻐꾹'이라는 말이 다양한 단어를 만들어내지는 않는다고 보아 원형을 밝혀 적지 않는 것이다.('개구리', '귀뚜라미', '기러기' 등이 비슷한 예다. '개굴', '귀뚤', '기럭'은 독립적으로 쓰이지 못하는 말이기도 하다.)

그래서 이 조항에는 '-하다'나 '-거리다'가 붙을 수 없는 어근에 '-이'나 또는 다른 모음으로 시작되는 접미사가 붙어서 명사가 된 것은 그 원형을 밝혀 적지 않는다고 부기해 놓았다. '깍두기', '꽹과리', '날라리', '누더기', '동그라미', '두드러기', '딱따구리', '매미', '부스러기', '얼루기', '칼싹두기'("메밀가루나 밀가루 반죽 따위를 방망이로 밀어서 굵직굵직하게 썰어 끓인 음식") 등이 그 예다.

제24항 | '-거리다'가 붙을 수 있는 시늉말 어근에 '-이다'가 붙어서 된 용언은 그 어근을 밝히어 적는다

시늉말은 "소리나 모양, 동작 따위를 흉내 내는 말"로 "의성어, 의태어로 나뉜다". 이 조항으로 미루어 '-거리다'가 붙을 수 있는 의성어나 의태어 어근에 '-이다'가 붙은 용언이 많다는 것을 알 수 있다. 의태어 어근인 '깜빡'을 예로 들어보자. '깜빡'은 '-거리다'가 붙을 수 있는 말이므로 '-이다'가 붙으면 그 어근을 밝혀 '깜빡이다'로 적는다. '깜빡'의 본뜻이 유지되고 '깜빡이', '깜빡하다', '깜빡대다' 등과 같이 다양한 접사와 결합할 수 있기 때문이다. '깜짝이다', '속삭이다', '꾸벅이다', '숙덕이다', '끄덕이

다', '울먹이다', '뒤척이다', '움직이다', '들먹이다', '지껄
이다', '망설이다', '퍼덕이다', '번득이다', '허덕이다', '번
쩍이다', '헐떡이다' 등이 같은 예다.

**제25항 | '-하다'가 붙는 어근에 '-히'나 '-이'가 붙어서 부사가
되거나, 부사에 '-이'가 붙어서 뜻을 더하는 경우에는 그 어근
이나 부사의 원형을 밝히어 적는다**

'급-', '꾸준-', '도저-', '딱-', '어렴풋-', '깨끗-'은 모두
'-하다'가 붙는 어근이므로 '-히'나 '-이'가 붙어 '급히',
'꾸준히', '도저히', '딱히', '어렴풋이', '깨끗이'로 부사가
될 때 그 어근의 원형을 밝혀 적는다. 다만 '갑자기', '반드
시'("틀림없이 꼭"), '슬며시'처럼 '-하다'가 붙지 않을 때
는 소리 나는 대로 적는다.('갑작하다', '반듯하다', '슬멋하
다'로 쓰이지 않으므로.) '반듯이'는 '-하다'가 붙는 어근에
'-이'가 붙어서 부사가 된 말이므로 원형을 밝혀 '반듯이'
로 적는다. '반드시'/'반듯이'와 같은 예로 '지그시'("슬며
시 힘을 주는 모양")/'지긋이'("나이가 비교적 많아 듬직하
게")를 들 수 있다.

부사에 '-이'가 붙어서 뜻을 더할 때 부사의 원형을 밝
혀 적는 말은 다음과 같다. '곰곰이', '더욱이', '생긋이',

'오뚝이'('오뚝이'는 명사로도, 부사로도 쓰인다), '일찍이', '해죽이'. '-이'가 결합한 뒤에도 본뜻이 그대로 살아 있으므로 원형을 밝혀 적는 것이다. '곳곳이', '집집이'와 같이 반복되는 글자로 이루어진 명사 뒤에 '-이'가 붙을 때도 명사의 원형을 밝혀 적는다는 점을 기억해 두자.

제26항은 제3절의 마지막 조항이다.

제26항 | '-하다'나 '-없다'가 붙어서 된 용언은 그 '-하다'나 '-없다'를 밝히어 적는다

'딱하다', '숱하다', '착하다', '텁텁하다', '푹하다' 등과 '부질없다', '상없다'("보통의 이치에서 벗어나 막되고 상스럽다"), '시름없다'("근심과 걱정으로 맥이 없다"/"아무 생각이 없다"), '열없다', '하염없다' 등의 '-하다'와 '-없다'는 그 형태를 밝혀 적는다. '딱하다'의 '딱'이나 '착하다'의 '착'이 독립된 뜻을 가진 자립적인 어근은 아니지만, '따카다'나 '차카다'로 적기보다는 원형을 밝혀 적는 쪽이 의미를 알기가 쉽기 때문이다.

그런데 이 조항에는 작은 문제가 하나 있다. '-하다'는 접미사가 맞지만 '없다'는 접미사가 아닌데 접미사로 취급한다('-없다')는 것이다. 아마도 한글 맞춤법 제정 당시

'없다'를 접미사로 간주했기 때문인 듯하다. 이는 추후 개정 시 수정해야 할 사항으로 보인다.

제4절에서는 제27항부터 제31항까지 합성어 및 접두사가 붙은 말을 다룬다.

제27항부터 보자.

제27항 | 둘 이상의 단어가 어울리거나 접두사가 붙어서 이루어진 말은 각각 그 원형을 밝히어 적는다

어려운 내용이 아니다. 합성어와 파생어는 소리 나는 대로 적지 않는다는 것이다. 예를 들어 합성어인 '부엌일'은 [부엉닐]로 소리 나지만 '부엌'과 '일'이 각각 자립적으로 쓰이므로 원형을 밝혀 적는다. 파생어인 '새파랗다'는 '파랗다'에 "'매우 짙고 선명하게'의 뜻을 더하는 접두사"인 '새-'가 붙어 이루어진 말로 '새파라타'로 적지 않고 원형을 밝혀 적는다.('노랗다' 앞에는 접두사 '샛-'이 붙는데, 이는 '노랗다'의 '노'가 유성음이기 때문이다. '새-'는 된소리, 거센소리, 'ㅎ' 앞에 붙는다. 접두사 '시-'와 '싯-'도 '새-'와 '샛-'처럼 쓰인다. '시퍼렇다', '싯누렇다'.)

'꽃잎', '물난리', '빛나다', '옷오르다', '웃옷', '젖몸살',

‘첫아들’, ‘칼날’, ‘팥알’, ‘흙내’ 등이 원형을 밝혀 적는 합성어의 예다. ‘겉늙다’, ‘맞먹다’, ‘빗나가다’, ‘빛나다’, ‘시꺼멓다’, ‘싯누렇다’, ‘엇나가다’, ‘엿듣다’, ‘옻오르다’, ‘짓이기다’, ‘헛되다’ 등은 접두사가 붙은 파생어의 예다.

주의해야 할 것은 예외들이다.

‘할아버지’와 ‘할아범’은 어원은 분명하지만 소리가 특이하게 변했으므로 변한 대로 적는다.(‘할아버지’와 ‘할아범’의 어원은 ‘한아버지’와 ‘한아범’이다.)

어원이 분명하지 않은 말은 원형을 밝혀 적지 않는다. ‘아재비’, ‘오라비’는 ‘앚애비’, ‘올아비’로 적을 근거가 명확하지 않다. ‘골병’, ‘골탕’, ‘끌탕’, ‘업신여기다’, ‘부리나케’ 등도 마찬가지다. ‘며칠’을 ‘몇 일’로 쓰는 경우가 많은데(‘몇 년’, ‘몇 월’의 ‘몇’과 공통된다고 생각하기 때문일 것이다) ‘며칠’이 아니라 ‘몇 일’이 바른 표기라면 그 발음은 [며딜]이 되어야 한다.(‘몇 년’은 [면년], ‘몇 월’은 [며둴]로 소리 난다.) 하지만 실제로는 [며칠]이라고 소리 나므로 ‘몇’과 ‘일’이 결합된 말로 보지 않고 ‘며칠’로 적는 것이다. ‘몇 일’이 [면닐]로 소리 난다는 주장도 있지만 ‘일日’이 결합할 때는 보통 ‘닐’로 소리 나지 않는다. 다만 ‘일칠’이 결합할 때는 ‘닐’로 소리가 나기도 한다. “칠을 바르는 일”인 ‘칠일’이 [칠닐]을 거쳐 [칠릴]로 발음되는 것이 그 예다.(한편 ‘칠일七日’은 [치릴]로 소리 난다.)

　마지막으로 ‘이’가 치아齒와 이목의 곤충蝨의 뜻으로 합성어나 이에 준하는 말에서 ‘니’ 또는 ‘리’로 소리 날 때는 ‘니’로 적는다. ‘간니’, ‘덧니’, ‘사랑니’, ‘송곳니’, ‘앞니’, ‘어금니’, ‘윗니’, ‘젖니’, ‘톱니’, ‘틀니’, ‘가랑니’, ‘머릿니’ 등이 그 예다. 이는 실제 발음과 관련이 있다. 표준 발음법 제29항(합성어 및 파생어에서, 앞 단어나 접두사의 끝이 자음이고 뒤 단어나 접미사의 첫음절이 ‘이, 야, 여, 요, 유’인 경우에는, ‘ㄴ’ 음을 첨가하여 [니, 냐, 녀, 뇨, 뉴]로 발음한다)에 따르면 ‘덧이’, ‘사랑이’, ‘송곳이’라고 원형을 밝혀 적어도 ‘ㄴ’ 소리가 덧나서 ‘이’가 ‘니’로 발음된다고 설명할 수 있기는 하지만, 굳이 소리 나는 대로 적는 것은 ‘덧이’, ‘사랑이’, ‘송곳이’라고 적으면 [더시], [사랑이], [송:고시]라고 발음되어 전통적인 실제 발음([던니], [사랑니], [송:곤니])과 달라지는 경우를 예방하기 위해서다.

　한편 “‘이유 없는’, ‘보람 없는’의 뜻을 더하는 접두사”인 ‘헛-’이 붙을 때 ‘헛웃음’, ‘헛되다’처럼 원형을 밝혀 적지 않고 소리 나는 대로 표기하는 말이 있는데, 바로 ‘헛심’이다. ‘힘’의 뜻이 살아 있는 파생어이므로 ‘헛힘’(“‘헛심’의 원말”)으로 적는 것이 맞겠지만 이 또한 굳어진 실제 발음을 따른 경우다. 비슷한 예로 ‘뒷심’, ‘뚝심’, ‘뱃심', '팔심', '허릿심' 등이 있다. 다만 "발로 무엇을 할 수 있는 힘"은 '발심'이 아니라 '발힘'이 표준어인데, '팔심' 과 같은 형태인데도 왜 그 표기가 다른지는 의아스럽다.

제28항 | 끝소리가 'ㄹ'인 말과 딴 말이 어울릴 적에 'ㄹ' 소리가 나지 아니하는 것은 아니 나는 대로 적는다

받침에 'ㄹ'이 들어가는 말이 합성어나 파생어가 될 때 'ㄹ'이 소리 나지 않으면 그대로 표기한다는 말이다. '딸', '아들'에 접미사 '-님'이 붙으면 '딸님', '아들님'이 아니라 '따님', '아드님'으로 적는다. 다음의 말들도 같은 예에 속한다. '나날이'(날-날-이), '다달이'(달-달-이), '마소'(말-소), '무논'(물-논), '무쇠'(물-쇠), '바느질'(바늘-질), '부삽'(불-삽), '싸전'(쌀-전), '여닫이'(열-닫-이), '우짖다'(울-짖다), '차돌'(찰-돌), '화살'(활-살). 가만 보면 'ㄹ'은 'ㄴ', 'ㄷ', 'ㅅ', 'ㅈ' 앞에서 탈락할 때가 적지 않다.

'부당不當', '부동不同, 不凍, 不動', '부득이不得已', '부등不等', '부정不正, 不貞, 不定', '부조리不條理', '부주의不注意'에서처럼 한자 '불不'도, 'ㄷ', 'ㅈ' 앞에서는 '부'로 읽히고 바뀐 대로 표기한다.

제29항 | 끝소리가 'ㄹ'인 말과 딴 말이 어울릴 적에 'ㄹ' 소리가 'ㄷ' 소리로 나는 것은 'ㄷ'으로 적는다

끝소리가 'ㄹ'인 '사흘'이 '날'과 결합하면 'ㄹ' 소리가 'ㄷ' 소리로 나므로 '사흘날'이 아니라 '사흗날'로 표기한다.(발음은 [사흔날]이다.) 중세에는 '사흘'과 '날'이 결합하면 사이시옷을 넣어 '사흜날'이라고 적었다. '사훗날'이라는 표기도 공존했다. 오늘날의 표기 '사흗날'은 이 '사훗날'에서 비롯되었다고 보면 된다.('이튿날', '나흗날'도 마찬가지다.)

이 조항에 따라 '바느질고리'는 '반짇고리', '삼질날'은 '삼짇날', '설달'은 '섣달', '술가락'은 '숟가락', '잘주름'은 '잗주름', '설부르다'는 '섣부르다', '잘다랗다'는 '잗다랗다'로 적는다.

질문! '숟가락'은 '숟가락'인데 '젓가락'은 왜 '젓가락'일까? 답은 다음의 제30항에서 찾을 수 있다.

제30항 | 사이시옷은 다음과 같은 경우에 받치어 적는다

이 항에서는 사이시옷을 받쳐 적는 경우를 제시한다. 사이시옷과 관련한 내용은 숙지하기 까다롭다. 찬찬히 살펴

　　　　　1부 한글 맞춤법 1

보자.

사이시옷을 받쳐 적는 경우는 셋으로 나눌 수 있다.

① 순우리말로 된 합성어로서 앞말이 모음으로 끝난 경우
② 순우리말과 한자어로 된 합성어로서 앞말이 모음으로 끝
  난 경우
③ 두 음절로 된 다음 한자어

세 번째 경우가 가장 단순하니 먼저 살펴보자.

한자어에는 기본적으로 사이시옷을 받쳐 적지 않는다고 생각하면 편하다. '내과內科'(외과, 치과), '대가代價', '장미과薔薇科', '화병火病' 등의 한자어는 실제 발음을 고려하면 사이시옷을 받쳐 적어야 맞는 듯하지만 그러지 않는다. 한자어 가운데 사이시옷을 받쳐 적는 말은 다음의 여섯 개뿐이다. '곳간庫間', '셋방貰房', '숫자數字', '찻간車間', '툇간退間', '횟수回數'. 이는 사이시옷을 받쳐 적는 쪽이 그 뜻을 좀 더 직관적으로 파악할 수 있다는 국립국어원의 자의적인 판단에 따라 정해졌다고 보면 된다. 곧 어떤 합리적인 원칙에 바탕을 두지 않았다는 뜻이다.

'고간', '세방', '수자', '차간', '퇴간', '회수'라고 적기보다 위와 같이 표기하면 그 뜻을 이해하기가 더 쉽고, 한자

어의 음은 같지만 뜻이 다른 말들과 구별하기 쉬운 것도 사실이다. 하지만 그것이 한자어 사이시옷 조항의 불완전함을 덮어주지는 못하는 듯하다. 이를테면 '火病'은 아무리 생각해도 '화병'보다 '횃병'이라고 하는 사람이 압도적으로 많을 것 같다. 표준국어대사전에 올라와 있는 '화병'이라는 표제어는 '화병火病'을 포함하여 '화병火兵', '화병火餠', '화병花柄', '화병花甁', '화병畫屏', '화병畫甁', '화병畫餠' 등 여덟 개나 되고, 이중 [화뼝]으로 발음하는 말은 '화병火病'뿐이므로 '횃병'으로 적지 않으면 안 되는 까닭을 찾을 길이 없다.

'대가代價'도 마찬가지다. 표준국어대사전에 표제어로 올라와 있는 '대가'는 모두 열 개다. 이 중 [대까]로 발음하는 말은 '대가代價'와 '대가對價'뿐이다. 글자(한자)는 다르지만 표기는 같은 다른 말들과 구분해야 할 필요가 있어 보인다. 한자어에 사이시옷을 받쳐 적는 문제에 대해서는 언중의 실질적인 우리말 사용 실태를 반영하여 지속적으로 논의해야 할 것이다.

한자어에는 사이시옷을 받쳐 적지 않는다는 전제의 근거는 한글 맞춤법 제1항을 해설한 부분에서 찾을 수 있다. 한자어의 경우 "표준어를 소리대로 적되, 어법에 맞도록 함을 원칙으로 한다"는 한글 맞춤법의 원리를 따르지 않고 "각 글자의 소리를 밝혀 적는다"는 것이다. 이를테면 [구거]로 소리 나더라도 '국어國語'는 '국어'로, [궁민]으로 소리 나더라도 '국민國民'은 '국민'으로 표기한다는 것이다. 글자마다 소리와 의미가 정해진 한자를 그대로 밝혀 적는 것이 독서에 효율적이라는 판단에서다.

이제 사이시옷을 받쳐 적는 또 다른 두 가지 경우를 살펴보자.

먼저 순우리말로 된 합성어로서 앞말이 모음으로 끝난 경우다. 이는 다시 셋으로 나눌 수 있다.

① 뒷말의 첫소리가 된소리로 나는 것

순우리말인 '나무'와 '가지'가 합쳐지면 '나뭇가지'로 사이시옷을 받쳐 적는다. 뒷말인 '가지'의 첫소리 '가'가 '까'로 소리 나기 때문이다. '고랫재', '귓밥', '나룻배', '냇가', '댓가지', '뒷갈망', '맷돌', '머릿기름', '모깃불', '못자리', '바닷가', '뱃길', '볏가리', '부싯돌', '선짓국', '쇳조각', '아랫집', '우렁잇속', '잇자국', '잿더미', '조갯살', '찻집', '쳇바퀴', '킷값', '핏대', '햇볕', '혓바늘' 등이 이에 속한다. '젓가락'도 고유어인 '저'와 '가락'이 결합하면 [저까락/젇까락]으로 소리 나므로 '젓가락'으로 적은 것이다.

② 뒷말의 첫소리 'ㄴ, ㅁ' 앞에서 'ㄴ' 소리가 덧나는 것

순우리말 '내'와 '물'이 합쳐지면 '냇물'이 되는데 뒷말 '물'의 'ㅁ' 앞에서 'ㄴ' 소리가 [낸ː물]처럼 덧나기 때문이다. '멧나물', '아랫니', '텃마당', '아랫마을', '뒷머리', '잇몸', '깻묵', '빗물' 등이 같은 예다.

③ 뒷말의 첫소리 모음 앞에서 'ㄴㄴ' 소리가 덧나는 것

'나뭇잎'은 순우리말 '나무'와 '잎'이 합쳐진 것인데 [나문닙]으로 'ㄴㄴ' 소리가 덧나므로 사이시옷을 받쳐 적는다. 같은 예로는 '도리깻열', '뒷윷', '두렛일', '뒷일', '뒷입맛', '베갯잇', '욧잇', '깻잎', '댓잎' 등이 있다.

마지막으로 순우리말과 한자어로 된 합성어로서 앞말이 모음으로 끝난 경우다. 이 또한 첫 번째와 같이 ① 뒷말의 첫소리가 된소리로 나는 것, ② 뒷말의 첫소리 'ㄴ, ㅁ' 앞에서 'ㄴ' 소리가 덧나는 것, ③ 뒷말의 첫소리 모음 앞에서 'ㄴㄴ' 소리가 덧나는 것으로 나눌 수 있다.

'전셋집'은 한자어 '전세傳貰'와 순우리말 '집'이 합쳐진 말로 [전세찝/전섿찝]으로 뒷말의 첫소리가 된소리로 나는 경우다. '귓병', '머릿방', '뱃병', '봇둑', '사잣밥', '샛강', '아랫방', '자릿세', '찻잔', '찻종', '촛국', '콧병', '탯

줄’, ‘텃세’, ‘핏기’, ‘햇수’, ‘횟가루’, ‘횟배’ 등이 같은 예다.(‘찻잔’, ‘찻종’ 등에 사이시옷을 받쳐 적은 이유는 현재 ‘차茶’를 고유어로 보기 때문이다.)

‘훗날’은 한자어 ‘후後’와 순우리말 ‘날’이 합쳐진 말로 뒷말 ‘날’의 첫소리 ‘ㄴ’ 앞에서 ‘ㄴ’ 소리가 [훈:날]처럼 덧나기 때문에 사이시옷을 받쳐 적었다. ‘곗날’, ‘제삿날’, ‘툇마루’, ‘양칫물’ 등이 같은 예다.

‘예삿일’은 [예:산닐]로 소리 나는데 뒷말의 첫소리 모음 앞에서 ‘ㄴㄴ’ 소리가 덧나는 경우라 사이시옷을 받쳐 적는다. ‘가욋일’, ‘사삿일’, ‘훗일’도 마찬가지다.

사이시옷과 관련하여 세 가지 조건을 기억해 두자.

첫째, 사이시옷은 합성어에서만 쓴다. 단일어나 파생어에서는 쓰지 않는다. ‘햇빛’은 ‘해+빛’ 구조에 [해삗/핻삗]으로 발음하므로 사이시옷을 쓰지만, ‘해님’은 ‘해+ -님(접사)’ 구조의 파생어이므로 ‘햇님’으로 표기하지 않는다.

둘째, 위에서 살펴본 세 가지 음운론적 현상이 수반되어야 한다. ① 뒷말의 첫소리가 된소리로 날 때, ② 뒷말의 첫소리 ‘ㄴ, ㅁ’ 앞에서 ‘ㄴ’ 소리가 덧날 때, ③ 뒷말의 첫소리 모음 앞에서 ‘ㄴㄴ’ 소리가 덧날 때다. ‘머리말’, ‘인사말’에 사이시옷을 쓰지 않는 이유는 물론 발음에 따른 것

으로, '머리말'은 [머린말]이 아니라 [머리말]로, '인사말'
은 [인산말]가 아니라 [인사말]로 소리 나기 때문이다.

셋째, 합성어를 이루는 말 중 하나는 고유어여야 하고
그 말에 외래어는 포함되어서는 안 된다. 앞에서 살펴보
았듯이 한자어로만 이루어진 말은 상기한 여섯 개를 제외
하고는 어떤 경우에도 사이시옷을 쓰지 않으며 '핑크빛',
'커피집'처럼 외래어가 들어간 말도 마찬가지다.

그럼 제4절의 마지막인 제31항을 보자.

제31항 | 두 말이 어울릴 적에 'ㅂ' 소리나 'ㅎ' 소리가 덧나는 것은 소리대로 적는다

"당해에 새로 난 쌀"을 가리키는 말인 '햅쌀'은 '해'와 '쌀'
이 합쳐진 말인데 [해쌀]이 아니라 [햅쌀]로 'ㅂ' 소리가
덧나기 때문에 '햅쌀'로 적는다. '댑싸리(대ㅂ싸리)', '멥쌀
(메ㅂ쌀)', '볍씨(벼ㅂ씨)', '입때(이ㅂ때)', '입쌀(이ㅂ쌀)',
'접때(저ㅂ때)', '좁쌀(조ㅂ쌀)'도 마찬가지다. '싸리', '쌀',
'씨', '때' 등은 옛말에서 앞에 'ㅂ'이 붙어 있었으나 훗날
단일어에서는 'ㅂ'이 탈락한 반면, '볍씨'와 같은 합성어
에서는 탈락하지 않고 남게 된 것이다.

'머리카락'은 '머리'와 '가락'이 합쳐진 말인데 [머리가락]이 아니라 [머리카락]으로 'ㅎ' 소리가 덧나므로 소리대로 적는다. '살코기(살ㅎ고기)', '수캐(수ㅎ개)', '수컷(수ㅎ것)', '수탉(수ㅎ닭)', '안팎(안ㅎ밖)', '암캐(암ㅎ개)', '암컷(암ㅎ것)', '암탉(암ㅎ닭)' 등이 같은 예다.

'살'이나 '수'는 옛말에서 뒤에 'ㅎ'을 가지고 있던 말로서 훗날 단일어에서는 'ㅎ'이 모두 탈락했으나 '수캐'와 같은 합성어에서는 탈락하지 않고 남았다.

한편 '수캉아지', '수캐', '수컷', '수키와', '수탉' 등과 같이 '수雄-'가 붙은 말, '암캉아지', '암캐', '암컷', '암키와' 등과 같이 '암雌-'이 붙은 말 전부가 'ㅎ' 소리가 덧나는 것은 아니다. '고양이'의 경우는 '수고양이', '암고양이'와 같이 표기한다. 이는 표준어 규정 제7항에 따른 것으로 '고양이'는 접두사 '수-'나 '암-' 뒤에서 '코양이'와 같이 거센소리로 소리 나지 않는다고 본 것이다.

제5절은 제32항부터 제40항까지 준말을 다룬다. 자음과 모음이 어울려 단어를 이루는 우리말에서는 음절의 수가 줄어드는 다양한 형태의 준말이 운용된다.

제32항 | 단어의 끝모음이 줄어지고 자음만 남은 것은 그 앞의 음절에 받침으로 적는다

'기러기'에 "손아랫사람이나 짐승 따위를 부를 때 쓰는 격 조사" '야'가 붙으면 '기러기야'가 된다. 그리고 제32항에 따라 '기러기야'는 줄여서 '기럭아'라고 적을 수 있다. '기러기'의 끝모음 'ㅣ'가 줄어 '기러ㄱ'만 남았을 때 'ㄱ'을 그 앞의 음절 '러'의 받침으로 적는 것이다.(받침이 생겼으므로 격 조사 '야'가 아니라 '아'가 붙는다.)

그런데 '기러기야'를 '기럭아'로 줄여 적을 수 있다는 데는 문제가 있다. '-하다'나 '-거리다'가 붙을 수 없는 어근에 '-이'나 또는 다른 모음으로 시작되는 접미사가 붙어서 명사가 된 것은 그 원형을 밝혀 적지 않는다는 규정(한글 맞춤법 제23항)에 따라 '기럭+이'는 '기럭이'가 아니라 '기러기'라고 표기한다.('기럭하다'나 '기럭거리다'라는 말이 없다.) 그런데 이 조항에서는 '기러기'를 '기럭'이라고 줄여서 그 원형을 밝히는 셈이니 제23항과 상충한다. 본디 '기럭+이'지만 원형을 밝혀 적지 않고 '기러기'라고 표기하는 만큼, '기러기'는 모음으로 끝나는 줄어들 수 없는 단어로 보는 것이 합리적이지 않을까 싶다. '오뚝이야'를 '오뚝아'로 줄여 적는 것은 자연스러워 보이지만('오뚝'이라는 원형이 유지되고 있으므로), '기러기야'를 '기럭 아'라고 적는 것은 아무래도 부자연스럽다('-하다'나 '-거 리다'를 붙일 수 없으므로 원형을 밝혀 적지 않았는데 준말 에서는 원형을 밝히고 있기 때문이다).

아무튼 이 조항에 따라 '어제그저께'는 '엊그저께', '어 제저녁'은 '엊저녁', '가지다'는 '갖다', '디디다'는 '딛다'로 줄여 적는다. '어제그저께'의 준말을 소리 나는 대로 '얻 그제'나 '엇그제'로 적지 않고, '가지다'의 준말을 소리 나 는 대로 '갇다'로 적지 않는 것은 그 본말들과의 연관성을 드러내는 형태로 적어 의미를 파악하기 쉽도록 하기 위해 서다. 다만 '엇매끼다'(어긋-매끼다), '밭벽'(바깥-벽), '밭 사돈'(바깥-사돈)과 같이 줄어드는 음절의 첫소리가 아니 라 받침소리가 받침이 되는 말도 있다.

제33항 | 체언과 조사가 어울려 줄어지는 경우에는 준 대로 적는다

'무엇을'은 '뭣을/무얼/뭘', '무엇이'는 '뭣이/무에'로 줄 어들고 준 대로 표기한다. '그것은'은 '그건', '그것이'는 '그게', '그것으로'는 '그걸로', '나는'은 '난', '너는'은 '넌', '나를'은 '날', '너를'은 '널'로 줄어들고 준 대로 적는다.

부사에 조사가 결합하여 음절이 줄어들 때도 준 대로 적는다. '그리로'는 '글로', '이리로'는 '일로', '저리로'는 '절로', '조리로'는 '졸로'로 준 대로 적는다.

제34항 | 모음 'ㅏ, ㅓ'로 끝난 어간에 '-아/-어, -았-/-었-'이 어울릴 적에는 준 대로 적는다

동사 '가다'의 어간 '가'에 '-아'가 결합한 '가아'는 '가'로 줄고, 동사 '서다'의 어간 '서'에 '-어'가 결합한 '서어'는 '서'로 준다. '가았다'는 '갔다', '서었다'는 '섰다'로 준다. 여기서 주의해야 할 것은 항상 줄어든 형태만 인정된다는 점이다.("어울릴 적에는 준 대로 적는다"라는 말이 이 뜻이다.) 곧 '가아', '가았다', '서어', '서었다' 등은 인정되지 않는다. 다만 '낫다', '젓다' 같은 'ㅅ' 불규칙 용언은 어간의 'ㅅ'이 줄어들 때 '아/어'가 줄지 않는다(나아, 나아서, 나아도, 나아야, 나았다/저어, 저어서, 저어도, 저어야, 저었다).

이 조항에서는 다음 내용을 같이 살펴야 한다. 'ㅐ, ㅔ' 뒤에 '-어, -었-'이 어울려 줄 적에는 준 대로 적는다는 것이다. '개다'의 '개'에 '-어'가 결합한 '개어'는 '개'로 줄고('개었다'는 '갰다'로 준다), '세다'의 '세'에 '-어'가 결합한 '세어'는 '세'로 준다('세었다'는 '셌다'로 준다). 다만 이 경우에는 '개어'와 '개'('개었다'와 '갰다'), '세어'와 '세'('세었다'와 '셌다') 모두 인정된다.("어울려 줄 적에는 준 대로 적는다"라는 말이 이 뜻이다.)

한편 모음이 줄어들어서 'ㅐ'가 된 경우에는 '-어'가 결합하더라도 다시 줄어들지는 않는데, '짜이다'가 줄어든 '째다'에 '-어'가 결합한 '째어'는 '째'로 줄어들지 않고('째어'는 '짜여'와 통용된다), '파이다'가 줄어든 '패다'에 '-어'가 결합한 '패어'는 '패'로 줄어들지 않는다('패어'는 '파여'와 통용된다).

그리고 '하다'의 활용형 '하여'가 한 음절로 줄어서 '해'로 될 적에는 준 대로 적는다. '하여'가 '해'로, '하였다'가 '했다'로 줄어들 때는 준 대로 적는 것이다. 이때도 본말과 준말 모두 쓸 수 있다.

제35항 | 모음 'ㅗ, ㅜ'로 끝난 어간에 '-아/-어, -았-/-었-'이 어울려 'ㅘ/ㅝ, 왔/웠'으로 될 적에는 준 대로 적는다

'보다'의 어간 '보'에 '-아'가 결합한 '보아'는 '봐', '-았-'이 결합한 '보았다'는 '봤다'로 줄고 준 대로 적는다. '주다'의 어간 '주'에 '-어'가 결합한 '주어'는 '줘', '-었-'이 결합한 '주었다'는 '줬다'로 줄고 준 대로 적는다.

어간이 '놓-'인 '놓다'는 '-아'와 결합하면 다음과 같이 줄고 준 대로 적는다. '놓아'는 '놔(노아)', '놓아라'는 '놔라(노아라)', '놓았다'는 '놨다(노았다)'. '좋다'가 '좌', '좌라', '좠다'로 줄지 않는 것과 대비되는 특수한 경우다.

그리고 '괴' 뒤에 '-어', '-었-'이 어울려 '쇄', '쇘'으로 될 적에도 준 대로 적는다. '되다'는 '돼', '됐다'로, '뵈다'는 '봬', '뵀다'로 준 대로 적는다. '꾀다', '외다', '죄다', '쬐다'와 '되뇌다', '사뢰다', '선뵈다', '아뢰다', '앳되다', '참되다' 등도 마찬가지다. 이 경우에도 본말과 준말 모두 인정된다.

제36항 | 'ㅣ' 뒤에 '-어'가 와서 'ㅕ'로 줄 적에는 준 대로 적는다

'가지어'는 '가져', '가지어서'는 '가져서', '가지었다'는 '가졌다', '치이어'는 '치여', '치이어서'는 '치여서', '치이었다'는 '치였다'로 줄며 준 대로 적는다. 줄어든 음절, 예컨대 '가져'의 '져'를 소리 나는 대로 '저'로 적지 않고 '져'로 적는 것은 '가지-어', '지-어'와의 연관성이 드러나도록 하기 위해서다.

제37항 | 'ㅏ, ㅓ, ㅗ, ㅜ, ㅡ'로 끝난 어간에 '-이-'가 와서 각각 'ㅐ, ㅔ, ㅚ, ㅟ, ㅢ'로 줄 적에는 준 대로 적는다

'싸이다'는 '쌔다', '누이다'는 '뉘다', '펴이다'는 '폐다', '뜨이다'는 '띄다', '보이다'는 '뵈다', '쓰이다'는 '씌다'로 줄 적에 준 대로 적는다. 줄어든 형태, 줄어들지 않은 형태 모두 옳은 표기다.

한편 '감격스레', '자연스레'처럼 '-스럽다'로 끝나는 형용사에 부사를 만드는 접미사 '-이'가 붙어서 '-스레'가 될 때는 줄어든 대로 적는다. 다만 접미사 '-스럽다'가 '-스러운'으로 활용할 때는 '-스런'으로 줄지 않는다는 것을 기억해 두자. '감격스러운'과 '자연스러운'은 '감격스런'과 '자연스런'으로 줄여 적지 않는다.

제38항 | 'ㅏ, ㅗ, ㅜ, ㅡ' 뒤에 '-이어'가 어울려 줄어질 적에는 준 대로 적는다

원형이 '보다'인 '보이어'는 '뵈어', '보여'로 줄어지는데 '뵈어'는 '-이어'의 '이'가 한 음절로 줄어든 것이고, '보여'는 '-이어'가 '-여'로 줄어든 것이다. '까이어'는 '깨어/까여', '꼬이어'는 '꾀어/꼬여', '누이어'는 '뉘어/누여', '뜨이어'는 '띄어/뜨여', '쓰이어'는 '씌어/쓰여', '트이어'는 '틔어/트여'로 준 대로 적는다.

짚어둘 것이 하나 있는데 '띄어쓰기'는 '뜨여쓰기'로 적을 수 없다는 점이다. '띄다'는 준말로 그 본말에는 '뜨이다'와 '띄우다'가 있는데, '띄어쓰기'의 '띄어'는 '뜨이다'가 아니라 '띄우다'("공간적으로 거리를 꽤 멀게 하다")의 준말이어서 그렇다.

제39항 | 어미 '-지' 뒤에 '않-'이 어울려 '-잖-'이 될 적과 '-하지' 뒤에 '않-'이 어울려 '-찮-'이 될 적에는 준 대로 적는다

'그렇지 않은'은 '그렇잖은', '만만하지 않다'는 '만만찮다', '적지 않은'은 '적잖은', '변변하지 않다'는 '변변찮다'로 적을 수 있다. '-지 않-'을 '쟎'이 아니라 '잖'으로, '-치 않-'을 '챦'이 아니라 '찮'으로 적는 것은, 예컨대 '만만찮다', '변변찮다' 등처럼 이미 한 단어로 굳어져 원형을 밝힐 필요가 없다고 보아 소리 나는 대로 적기 때문이다. '달갑잖다(달갑지 않다)', '마뜩잖다(마뜩하지 않다)', '시답잖다(시답지 않다)', '오죽잖다(오죽하지 않다)', '올곧잖다(올곧지 않다)', '당찮다(당하지 않다)', '편찮다(편하지 않다)' 등도 마찬가지다.

‘-지 않-’, ‘-치 않-’이 ‘잖’, ‘찮’으로 줄어든 형태는 같지만 한 단어가 아닌 말도 있는데, 효율성과 일관성을 위하여 이들 역시 ‘잖’, ‘찮’으로 적는다. 한 단어가 아니라는 이유로 이들만 ‘쟎’, ‘챦’으로 적으면 표기에 혼란이 생기기 때문이다. ‘그렇잖다(그렇지 않다)’, ‘두렵잖다(두렵지 않다)’, ‘편안찮다(편안하지 않다)’, ‘허술찮다(허술하지 않다)’ 같은 경우가 그 예다.

제5절 준말의 마지막 항인 제40항을 보자.

제40항 | 어간의 끝음절 ‘하’의 ‘ㅏ’가 줄고 ‘ㅎ’이 다음 음절의 첫소리와 어울려 거센소리로 될 적에는 거센소리로 적는다

이 조항에 따라 예컨대 ‘간편하게’는 ‘간편케’(간편ㅎ+게), ‘다정하다’는 ‘다정타’(다정ㅎ+다), ‘연구하도록’은 ‘연구토록’(연구ㅎ+도록)으로 적는다.

그런데 ‘하’에서 ‘ㅏ’만이 아니라 ‘ㅎ’까지 통째로 줄어드는 경우도 있다. 이때도 줄어든 대로 적는다. 이를테면 ‘생각하건대’는 ‘생각건대’, ‘깨끗하지 않다’는 ‘깨끗지 않다’, ‘섭섭하지 않다’는 ‘섭섭지 않다’로 줄고 이때도 소리 나는 대로 적는다.

  ‘하’가 통째로 줄어드는 경우는 ‘하’ 앞의 받침의 소리가(철자가 아니라) [ㄱ], [ㄷ], [ㅂ]일 때다.(‘생각건대’, ‘깨끗지 않다’, ‘섭섭지 않다’.) 이 외의 경우에는 ‘하’에서 ‘ㅏ’만 줄고 ‘ㅎ’이 남는 것을 알 수 있다.

  그런데 ‘ㅎ’이 어간의 끝소리로 굳어진 것은 받침으로 적는다. ‘이러하다’, ‘그러하다’, ‘저러하다’, ‘어떠하다’, ‘아무러하다’, ‘아니하다’는 ‘이렇다’, ‘그렇다’, ‘저렇다’, ‘어떻다’, ‘아무렇다’, ‘않다’로 줄고, ‘이렇든’, ‘저렇든’과 같이 활용할 때도 ‘ㅎ’을 받쳐 적는다.(‘이러튼’, ‘저러튼’과 같이 적지 않는다.)

  그리고 어원적으로 용언의 활용형에서 비롯된 말이더라도 현재 부사로 굳어진 말은 소리 나는 대로 적는다. 예컨대 ‘아무튼’, ‘하여튼’을 ‘아뭏든’, ‘하옇든’으로 적지 않는 것이다. 다만 ‘어떻든’은 ‘어떻다’와 연관성이 드러나도록 ‘어떠튼’이 아니라 ‘어떻든’으로 표기한다.

한글 맞춤법 2

5장

띄어쓰기

띌 때와 붙일 때

한글 맞춤법 제5장에서는 띄어쓰기를 다룬다. 먼저 띄어쓰기가 별도의 어문 규범이 아니라 한글 맞춤법의 일부라는 것을 상기하자. 띄어쓰기는 일반 독자뿐만 아니라 편집자도 헷갈리는 내용이 많으므로 각별히 주의 깊게 들여다봐야 한다. (띄어쓰기 원칙을 자체적으로 운용하는 출판사가 적지 않은데 바탕은 모두 한글 맞춤법이며 그 목적 또한 똑같다. 바로 가독성을 높이는 것이다.)

이 장은 제1절 조사, 제2절 의존 명사, 단위를 나타내는 명사 및 열거하는 말 등, 제3절 보조 용언, 제4절 고유 명사 및 전문 용어, 이렇게 네 부분으로 구성되어 있다.

제1절의 제41항은 다음과 같다.

제41항 | 조사는 그 앞말에 붙여 쓴다

이 항목의 해설에는 다음과 같은 문장이 있다. "제41항은 제2항의 예외 규정이다." 그러니까 제41항은 "문장의 각 단어는 띄어 씀을 원칙으로 한다"라는 한글 맞춤법 제2항을 따르지 않는다는 것이다. 이는 일반적으로 조사가 단어로 다루어지기는 해도 자립성을 지니지 못해 다른 말에 의존할 때만 나타나기 때문이다. 이 조항의 '앞말'에는 자립성이 있는 말뿐만 아니라 다른 조사나 어미도 포함된다는 것을 기억해 두자. '학교에서처럼', '나에게만이라도', '여기서부터입니다', '아이까지도' 등은 조사에 조사를 붙여 쓴 것이고, '말하면서까지도', '사과하기는커녕', '먹을게요', '놀라기보다는', '맑군그래', '오는군요' 등은 어미에 조사가 붙은 경우다.

제2절에서는 제42항부터 제46항까지 의존 명사, 단위를 나타내는 명사 및 열거하는 말 등의 띄어쓰기를 다룬다.

제42항 | 의존 명사는 띄어 쓴다

의존 명사는 반드시 앞에 꾸미는 말이 있어야 쓸 수 있는 말이지만 명사로서 기능하기도 하므로 다음과 같이 띄어 쓴다. '아는 **것**이 힘이다.' '나도 할 **수** 있다.' '먹을 **만큼** 먹어라.' '아는 **이**를 만났다.' '네가 뜻한 **바**를 알겠다.' '그가 떠난 **지**가 오래다.'

어떤 의존 명사는 조사, 어미의 일부, 접미사 등과 형태가 같아서 띄어쓰기 판단이 어려울 때가 있다. '이름이 나지 않았다 뿐이지 참 성실한 사람이다.' 이 문장에서 '뿐'은 조사가 아니라 "오직 그렇게 하거나 그러하다는 것을 나타내는” 의존 명사로 쓰였다. ‘새 일꾼이 일도 잘할뿐더러 성격도 좋다.’ 이 문장에서도 ‘뿐’을 조사로 보면 안 된다. “어떤 일이 그것만으로 그치지 않고 나아가 다른 일이 더 있음을 나타내는” 연결 어미 ‘-ㄹ뿐더러’의 일부이기 때문이다. ‘책상 위에 놓인 공책, 신문, 지갑 들을 가방에 넣다.’ 이 문장에서 ‘들’ 또한 조사가 아니라 “두 개 이상의 사물을 나열할 때, 그 열거한 사물 모두를 가리키거나, 그 밖에 같은 종류의 사물이 더 있음을 나타내는” 의존 명사로 쓰였다. ‘사람들’에서와 같이 “복수複數의 뜻을 더하는” 접미사로 쓰일 때와 구별해야 한다.(‘들’은 ‘다들 떠나갔구나’ ‘안녕들 하세요?’에서처럼 “그 문장의 주어가 복수임을 나타내는” 조사로도 쓰인다.)

이 밖에 ‘대로’, ‘만큼’, ‘만’, ‘지’, ‘듯’, ‘차次’ 등의 의존 명사는 형태가 같은 조사나 어미(의 일부)와 정확히 구별해 써야 한다.

제43항 | 단위를 나타내는 명사는 띄어 쓴다

‘한 개’, ‘차 한 대’, ‘금 서 돈’(‘석 돈’, ‘세 돈’은 규범에 어긋난 표기다. 뒤에서 표준어 규정을 다룰 때 다시 설명하겠다), ‘소 한 마리’, ‘옷 한 벌’, ‘열 살’, ‘조기 한 손’(“한 손에 잡을 만한 분량을 세는 단위. 조기, 고등어, 배추 따위 한 손은 큰 것 하나와 작은 것 하나를 합한 것을 이르고, 미나리나 파 따위 한 손은 한 줌 분량을 이른다"), '연필 한 **자루**', '버선 한 **죽**'("옷, 그릇 따위의 열 벌을 묶어 세는 단위"), '집 한 **채**', '신 두 **켤레**', '북어 한 **쾌**'("북어를 묶어 세는 단위. 한 쾌는 북어 스무 마리를 이른다") 등에서 그 실례를 볼 수 있다.

의존 명사뿐 아니라 자립 명사도 단위를 나타낼 때는 다음과 같이 띄어 쓴다. '국수 한 **그릇**', '맥주 세 **병**', '학 생 한 **사람**', '꽃 한 **송이**', '흙 한 **줌**', '풀 한 **포기**'. 다만 수 관형사 뒤에 붙어서 순서 혹은 차례를 나타내거나 숫자 와 어울려 쓰일 때는 '두시 삼십분', '오초', '제일과', '삼 학년', '육층', '1446년', '10월 9일', '2대대', '16동 502호', '제1실습실'(제가 생략되어도 '1실습실'처럼 붙여 쓸 수 있 다), '80원', '10개', '7미터' 등과 같이 단위를 나타내는 명 사라도 붙여 쓸 수 있다. 아라비아 숫자와 섞어 쓸 때 의 존 명사, 자립 명사 모두 붙여 쓸 수 있도록 한 것은 그렇 게 쓸 때 가독성이 높다는 현실을 반영한 것이다.

제44항 | 수를 적을 적에는 '만(萬)' 단위로 띄어 쓴다

① 이백 삼십 육만 칠천 이백 구십 오(십 단위)

② 이백 삼십육만칠천 이백구십오(천 단위)

③ 이백삼십육만 칠천이백구십오(만 단위)

띄어쓰기를 한 대로 각각 소리 내 읽어보자. 아마도 우리 말 사용자의 대부분은 ③처럼 만 단위로 띄어 읽을 때 가장 자연스럽다고 느낄 것이다.

1933년의 한글 맞춤법 통일안에서는 수를 한글로 적을 때 십 단위로 띄어 쓰도록 했다. 그러나 십 단위로 띄어 쓰면 지나치게 많이 띄어 번잡스럽고 우리말로 수를 읽을 때의 단위 감각과도 잘 맞지 않아(백 단위, 천 단위도 비슷하다) 지금처럼 만 단위로 띄어 쓰도록 규정하게 되었다.

이 조항은 아라비아 숫자와 한글을 섞어서 적을 때도 똑같이 적용된다.

① 칠경 삼천이백사십삼조 칠천팔백육십칠억 팔천 구백이십칠만 육천삼백오십사

② 7경 3243조 7867억 8927만 6354

③ 7경 3천2백4십3조 7천8백6십7억 8천9백2십 7만 6천3백5십4

다만 ①이나 ③보다는 ②처럼 적는 것이 보기에 가장 좋다.

하나 주의해야 할 점이 있다. 금액을 적을 때는 변조 등을 방지하기 위해 '삼십일만오천육백칠십팔원정'('-정整'은 "'그 금액에 한정됨'의 뜻을 더하는 접미사"다), '일백칠십육만오천원' 등과 같이 띄어쓰기를 하지 않는 것이 관례다.

제45항 | 두 말을 이어 주거나 열거할 적에 쓰이는 다음의 말들은 띄어 쓴다

'겸兼', '내지乃至', '대對', '등等', ' 및', '등등等等', '등속等屬', '등지等地' 등이 이에 해당하는 말이다.

'아침 겸 점심'에서 볼 수 있듯이 '겸'은 "둘 이상의 명사 사이에 쓰여 그 명사들이 나타내는 의미를 아울러 지니고 있음을 나타내는 말"이다. 또한 '구경도 할 겸 물건도 살 겸'에서처럼 관형사형 어미 '-(으)ㄹ' 뒤에 쓰여 "두 가지 이상의 동작이나 행위를 아울러 함"을 나타내기도 한다.

'열 명 내지 스무 명'에서 '내지'는 "'얼마에서 얼마까지'의 뜻을 나타내는" 부사로 쓰였는데 '이것은 산 내지

들에서만 자라는 식물이다'에서처럼 '또는'의 뜻으로도 쓰인다.

의존 명사 '대對'는 "사물과 사물의 대비나 대립을 나타 내는 말"로 '자본주의 대 공산주의'처럼 쓰인다. '이 시는 첫 행과 마지막 행이 대를 이룬다'와 같은 문장에서는 "같은 종류로 이루어진 짝"을 뜻하며 의존 명사가 아니라 자립 명사로 쓰였다. 한편 '대국민 사과문', '대일對日 무역' 등에서는 "(고유 명사를 포함하는 대다수 명사 앞에 붙어) '그것을 상대로 한' 또는 '그것에 대항하는'의 뜻을 더하는 접두사"로 쓰였음을 알아두자.

'및'은 부사로 "'그리고', '그 밖에', '또'의 뜻으로, 문장에서 같은 종류의 성분을 연결할 때 쓰는 말"이다. '원서 교부 및 접수', '사과, 배 및 복숭아' 등과 같이 쓴다. 한편 두 말을 이어 주는 말로서 둘 이상의 것 중 하나임을 나타내는 것으로 '또는'과 '혹은'도 있다.

'등等', '등등等等', '등속等屬', '등지等地'는 모두 의존 명사로서 다음과 같이 사물을 열거할 때 쓴다. 'ㄱ, ㄷ, ㅂ 등은 파열음에 속한다.' '과자, 과일, 식혜 등등 먹을 것이 많다.' '사과, 배 등속.' '충주, 청주, 대전 등지로 돌아다녔다.' 그리고 '지나친 흡연은 폐암 등을 일으킨다'에서처럼 여럿이 아니라 하나의 말 뒤에서도 '등等'은 띄어 쓴다.

그 밖에도 같은 종류의 것이 더 있음을 나타내기 때문이다.('등'은 "두 개 이상의 대상을 열거한 다음에 쓰여, 대상을 그것만으로 한정함을 나타내는 말"로 쓰이기도 한다. '오늘 결석한 사람은 지호, 새나, 슬기 등 세 명이다.') 의존 명사 '들', '따위' 또한 마찬가지로 띄어 쓴다.

제2절의 마지막 항인 제46항을 보자.

제46항 | 단음절로 된 단어가 연이어 나타날 적에는 붙여 쓸 수 있다

이 조항은 생소하게 여길 독자가 적지 않으리라 생각한다. 이 조항에 따르면 '좀 더 큰 이 새 차', '이 말 저 말', '한 잎 두 잎'은 '좀더 큰 이 새차', '이말 저말', '한잎 두잎'으로 붙여 쓸 수 있다. 띄어쓰기의 가장 중요한 목적은 글의 가독성을 높여 독자가 의미를 바르고 빠르게 파악하도록 하는 것이다. '좀 더 큰 이 새 차'와 같이 단음절 단어가 셋 이상 나올 때 단어별로 띄어 쓰면(이것이 원칙이기는 하다) 잘 읽히지 않는 것이 사실이므로, '좀더 큰 이 새차'와 같이 단음절 단어인 '좀'과 '더', 그리고 '새'와 '차'를 각각 붙여 적을 수 있게 허용하는 것이다. 하지만

'이말저말', '한잎두잎' 등과 같이 셋 이상의 음절을 붙여 쓰는 것은 적절하지 않고, '좀더큰 이새차'처럼 마구잡이로 붙여 써서도 곤란한데, 이렇게 적으면 오히려 글의 의미를 파악하기가 어려워지기 때문이다. 요컨대 말의 의미가 자연스레 이어질 수 있는 선에서만 붙여 써야 한다는 뜻이다. '좀 더 봐'는 '좀더 봐'로 붙여 써도 되지만('좀'이 '더'를 수식하므로), '늘 더 봐'는 '늘더 봐'로 붙여 쓸 수 없다('늘'이 '더 봐'를 수식하므로).

지금부터는 제3절 보조 용언의 띄어쓰기를 살펴보자. 이 절은 제47항 하나의 조항만으로 이루어져 있다.

제47항 | 보조 용언은 띄어 씀을 원칙으로 하되, 경우에 따라 붙여 씀도 허용한다

보조 용언 또한 단어이므로 띄어 쓰는 것이 원칙이다. 그러나 붙여 써도 무방할 때가 있고 아예 띄어 써서는 안 될 때도 있다. 이 항에서는 보조 용언을 붙여 써도 되는 경우와 그 실례를 제시한다.

보조 용언을 붙여 써도 되는 경우는 두 가지다.

첫째, '본용언+-아/-어+보조 용언' 구성일 때다. '내 힘으로 막아 낸다'에서 '막아 낸다'는 '막아낸다'로 써도 된다. '막+-아+내다' 구성이기 때문이다. '불이 꺼져 간다'에서 '꺼져 간다'는 '꺼져간다'로 써도 된다. '꺼지+-어+가다' 구성이기 때문이다.

둘째, '관형사형+보조 용언(의존 명사+-하다/싶다)' 구성일 때다. '비가 올 듯하다'에서 '올 듯하다'는 '올듯하다'로 써도 무방하다. '올(관형사형)+듯하다(듯+-하다)' 구성이기 때문이다. 같은 원리에 따라 '비가 올 성싶다'에서 '올 성싶다' 또한 '올성싶다'로 써도 무방하다.

이 외에 '명사형+보조 용언' 구성도 있는데 여기에 해당하는 보조 용언은 "앞말이 뜻하는 내용이 발생할 가능성이 많음을 나타내는" '직하다'뿐이다. '배고픈 새가 모이를 먹었음 직한데', '웬만하면 믿었음 직한데 속지 않는다'에서와 같이 쓰이며 '먹었음직한데', '믿었음직한데'처럼 붙여 쓰는 형태가 자연스러우므로 앞말과 붙여 쓰는 것이 허용된다.('먹었음직하다'는 한 단어 형용사 '먹음직하다'와 아무 관계가 없으므로 헷갈려서는 안 된다.)

이 외의 경우에는 본용언과 보조 용언을 붙여 쓰지 않는다. 가령 보조 용언 앞에 '-(으)ㄴ가, -나, -는가, -(으)ㄹ까, -지' 등의 종결 어미가 올 때는 보조 용언을 본용언과 붙여 쓰지 않는다. '책상이 작은가 싶다.' '그가 밥을 먹

　　　　2부 한글 맞춤법 2

나 보다.' '집에 갈까 보다.' '아무래도 힘들겠지 싶었다.'
이런 경우에는 '싶다', '보다' 등의 보조 용언을 본용언과
띄어 써야 한다.

'주다'의 높임말 '드리다'는 동사 뒤에서 '-어 드리다'
형태로 쓰이는 보조 용언으로 '어머님께 소식을 알려 드
리다'와 같이 쓰이는데, 여기서 '알려 드리다'는 '알려드
리다'로 써도 괜찮다. 다만 '어머니를 도와드리다'에서
'도와드리다'는 '도와 드리다'가 아니라 '도와드리다'로만
쓴다. '도와주다'라는 동사가 한 단어로 사전에 등재되어
있으므로 그에 맞춰 띄어쓰기도 동일하게 처리하는 것이
합리적이기 때문이다.

하지만 '-아/-어 지다'와 '-아/-어 하다'가 붙을 때는
보조 용언을 앞말과 붙여 쓴다. '새로운 말이 만들어지다'
에서와 같이 보조 용언 '지다'가 '-아/-어 지다'의 형태로
자동사처럼 쓰이므로 붙여 쓴다. '아기를 예뻐하다'에서
처럼 보조 용언 '하다'가 '-아/-어 하다'의 형태로 타동사
처럼 쓰일 때도 앞말과 붙여 쓰는 것이 자연스럽다.('예뻐
하다'는 한 단어로 사전에 등재되어 있기에 워낙 붙여 써야
하는 말인데 그렇지 않은 경우라도 앞말과 붙여 쓴다.)

다만 '-아/-어 하다'가 구句에 결합할 때는 띄어 써야
한다. '마음에 들어 하다', '내키지 않아 하다'는 '마음에

들어하다', '내키지 않아하다'로 붙여 쓰지 않는데 '-아/
-어 하다'가 각각 '마음에 들다', '내키지 않다'라는 구에
결합했기 때문이다.

이 조항에서는 보조 용언을 앞말과 붙여 쓸 수 없는 경
우를 알아두는 것이 중요하다. 다음 세 가지다.

첫째, 앞말에 조사가 붙을 때다. '직접 먹어도 보았다'
에서 '먹어도 보았다'는 '먹어'에 조사 '도'가 붙었으므로
'먹어도보았다'로 붙여 쓰지 못한다. '읽어는 보았다'도
'읽어'에 조사 '는'이 붙었기에 '읽어는보았다'로 붙여 써
서는 안 된다.

둘째, 앞말이 합성 용언일 때다. '네가 덤벼들어 보아
라.' '이런 기회는 다시없을 듯하다.' 이 문장들에서 '보아
라', '듯하다'는 앞말에 붙여 쓸 수 없다. '덤벼들다'(덤비
다+들다)와 '다시없다'(다시+없다)가 합성 용언이기 때문
이다. 이 경우에 본용언과 보조 용언을 붙여 쓰면 그 형태
가 너무 길어져 가독성을 떨어뜨린다. 본용언이 파생어인
경우에도 붙여 쓰지 않는다. '공부해 보아라'와 같이 띄어
써야 하는데('공부하다'가 파생어이므로) 대부분의 단행본
출판사에서는 가독성을 높인다는 이유로 '공부해보아라'
와 같이 붙여 쓰는 것이 현실이다.

셋째, 의존 명사 뒤에 조사가 붙을 때다. '그가 올 듯도

하다'에서는 의존 명사 '듯'에 조사 '도'가 붙었고, '잘난 체를 한다'에서는 의존 명사 '체'에 조사 '를'이 붙었으므로 각각 '그가 올 듯도하다', '잘난 체를한다'와 같이 쓰지 못한다.(한글 맞춤법의 (보조 용언) 띄어쓰기를 알지 못하더라도 '직접 먹어도보았다', '읽어는보았다', '그가 올 듯도하다', '잘난 체를한다'와 같이 표기하는 독자는 거의 없으리라 생각한다. 띄어쓰기에 대한 직관적인 감각이 한국어가 모국어인 사람에게는 얼마간 자연스레 체화되어 있을 것이다. 한글 맞춤법은 언중의 보편적인 표기 관습을 일정한 원리에 따라 정리하여 제시한 것이라고 보아도 무리가 없다.)

본용언이 합성어나 파생어라 하더라도 그 활용형의 음절이 2음절일 때는 '나가버렸다', '빛내준다', '구해본다', '더해줬다' 등과 같이 보조 용언을 붙여 쓸 수 있다.

마지막으로, 보조 용언이 연이어 나타날 때는 앞의 보조 용언만 붙여 써야 한다. '적어 둘 만하다'는 '적어둘 만하다', '읽어 볼 만하다'는 '읽어볼 만하다', '되어 가는 듯하다'는 '되어가는 듯하다'로 적는다.

일반 단행본의 경우 보조 용언을 적극적으로 본용언과 붙여 쓰는 것이 보통이다. 반면 어린이를 대상으로 하는 책들의 경우에는 대부분 보조 용언을 띄어 쓴다.

　이제 제5장 띄어쓰기의 마지막 절인 제4절 고유 명사 및 전문 용어의 띄어쓰기(제48~50항)를 살펴보자.

제48항 | 성과 이름, 성과 호 등은 붙여 쓰고, 이에 덧붙는 호칭어, 관직명 등은 띄어 쓴다

과거에는 '홍 길동'과 같이 성과 이름을 띄어 썼다. 성과 이름이 각각 자립적으로 쓰이고 저마다의 의미가 있으므로 띄어 쓰는 것이 자연스러워 보일 수도 있다. 하지만 성과 이름은 그 자체로 하나의 고유 명사이기도 하므로 그 둘을 분리해서 생각하기 어렵기도 하다. 게다가 성과 이름을 붙여놓아야 비로소 한 단어처럼 느껴지기도 한다. 이 조항은 그 점을 반영한 것이라 볼 수 있다.

　호號나 자字를 성과 붙여 쓰는 것도 그 맥락이 비슷하다. 그래서 '정약용', '정다산', '박지원', '박연암' 등과 같이 성과 이름, 성과 호(혹은 자)는 붙여 쓴다. 다만 성과 이름이 헷갈릴 우려가 있으면 띄어 쓸 수 있는데, 특히 '남궁', '독고', '선우', '황보'처럼 성이 두 음절인 경우에는 이를테면 '남궁 수', '황보 영' 등과 같이 표기하여 '남-궁수', '황-보영' 등의 성명과 혼동하지 않게 할 수 있다. 또한 한 글자 성일 때도 성과 이름의 경계가 혼동을

부를 여지가 있으면 '선 우진'('선우-진'과 구별)처럼 띄어
써도 무방하다.

　호칭어나 관직명 등은 고유 명사와 별개 단위이므로 성
명 혹은 성이나 이름 뒤에 띄어 쓴다. 호나 자가 성명 앞
에 놓일 때도 띄어 쓴다. 다음 예를 통해 익혀두자.

　　　　홍길동 씨 / 홍 씨 / 길동 씨

　　　　김철수 군 / 김 군 / 철수 군

　　　　김선숙 옹 / 김 옹

　　　　민수철 교수 / 민 교수

　　　　총장 정영수 박사 / 율곡 이이 / 백범 김구

　　　　사 사장史社長 / 여 여사呂女史 / 황희 정승

　'조맹부趙孟頫', '소식蘇軾', '왕희지王羲之'처럼 우리 한자
음으로 표기하는 중국 인명에도 이 조항을 동일하게 적용
한다는 것 또한 알아두자.

**제49항 | 성명 이외의 고유 명사는 단어별로 띄어 씀을 원칙
으로 하되, 단위별로 띄어 쓸 수 있다**

단어별로 띄어 쓴다는 말은 어렵지 않은데, 단위별로 띄

어 쓸 수 있다는 것은 무슨 뜻일까? 이 조항의 해설에 따르면 여기서 단위는 고유 명사를 이루는 구성 요소의 구조적인 묶음을 뜻한다. '국립 국어원 기획 연수부 기획 운영과'는 고유 명사를 단어별로 띄어 쓴 것으로 단어들 각각의 뜻이 명확히 드러난다. 그러나 고유 명사 전체의 의미가 한눈에 들어오지는 않는다. 이를 '국립국어원 기획연수부 기획운영과'라고 적으면 단어별로 띄어 썼을 때보다 고유 명사의 의미가 좀 더 자연스럽게 파악된다. '국립'과 '국어원'을 묶고, '기획'과 '연수부'를 묶고, '기획'과 '운영과'를 묶은 것이 바로 전체 고유 명사를 단어가 아니라 단위별로 띄어 쓴 것이라 할 수 있다. 그런데 이는 직관상 자연스러운 의미 파악을 위한 띄어쓰기로 의미 해석에 어긋나는 단위별 띄어쓰기(국립 국어원기획 연수부기획 운영과)는 허용되지 않는다.

그리고 '푸른숲' 혹은 '문학과지성사'처럼 '용언의 관형사형+명사' 혹은 '명사+조사+명사' 형식으로 된 고유 명사도 붙여 쓸 수 있다. 그러나 '부설附設', '부속附屬', '직속直屬', '산하傘下' 등은 고유 명사라 볼 수 없으므로 '한국해양과학기술원 부설 극지연구소'처럼 앞말과 띄어 쓰는 것이 원칙이다. 다만 교육 기관 등에 딸린 학교나 병원은 하나의 단위로 보아 '부속 학교', '부속 초등학교', '부속 중

학교', '부속 고등학교', '부속 병원' 등은 모두 붙여 써도 무방하다.

한편 산 이름, 강 이름, 산맥 이름, 평야 이름, 고원 이름 등은 하나의 단어로 굳어진 합성어로 다루어 띄어 쓰는 것을 허용하지 않는다. '북한산', '에베레스트산', '영산강', '미시시피강', '소백산맥', '알프스산맥', '나주평야', '화베이華北평야', '개마고원', '티베트고원' 등과 같이 적어야 한다.

제4절의 마지막 항을 보자.

제50항 | 전문 용어는 단어별로 띄어 씀을 원칙으로 하되, 붙여 쓸 수 있다

이 항의 해설에 따르면 "전문 용어란 학술 용어나 기술 용어와 같이 전문적인 영역에서 쓰이는 용어"다. 예상할 수 있듯이 전문적인 내용이 담긴 말이므로 전문 용어는 의미를 파악하기 쉽도록 원칙적으로는 띄어 쓰되 편의상 붙여 써도 된다.

표준국어대사전에 등재된 전문 용어의 예를 살펴보자. '무역 수지', '음운 변화', '상대성 이론', '국제 음성 기호',

'긴급 재정 처분', '무한 책임 사원', '배당 준비 적립금', '후천 면역 결핍증', '지구 중심설', '탄소 동화 작용', '해양성 기후', '무릎 대어 돌리기'. 이런 전문 용어는 모두 붙여 쓰는 것이 허용된다. 사전에 등재되지 않은 전문 용어도 이미 등재된 단어를 참조하여 적절히 붙여 쓸 수 있다.

한편 전문 용어라도 제목이 한자로 된 고전의 책명은 굳어진 합성어로 보아 띄어 쓰지 않는다.(한문에는 본래 띄어쓰기가 없고 띄어 쓴다 하더라도 한자, 한문에 익숙하지 않으면 그 뜻을 알기 어려워 띄어쓰기가 그다지 의미가 없다. 신라의 승려 혜초가 쓴 『왕오천축국전往五天竺國傳』은 '왕/오천축국/전'으로, 조선 헌종 때 이규경이 쓴 『오주연문장전산고五洲衍文長箋散稿』는 '오주/연문/장전/산고'로 끊어 읽어야 하는데, 『왕往 오천축국五天竺國 전傳』이나 『오주五洲 연문衍文 장전長箋 산고散稿』 등으로 띄어 쓴다고 한들 요즈음 그 의미를 바로 알 만한 독자는 많지 않을 것이다.) 반면 서양의 고전, 현대의 책명, 작품명 등은 구句나 문장 형식일 경우 단어별로 띄어 쓴다.

'즐거운 생활'("초등학교 1학년과 2학년에 쓰이는, 주제나 활동을 중심으로 구성된 통합 교과의 하나")처럼 관형사형이 체언을 꾸며주거나 '동굴의 비유'처럼 두 개 이상의 체언이 조사로 연결되는 구조의 전문 용어도 붙여 쓸 수 있다. 그리고 둘 이상의 전문 용어가 접속 조사로 이어지면 '지구중심설과 태양중심설'처럼 전문 용어 단위로 붙여 써도 된다.

6장

그 밖의 것

표기의 취사선택

한글 맞춤법의 마지막 장인 제6장 '그 밖의 것'을 살펴보자. 이 장은 제51항부터 제57항까지 모두 일곱 개 항으로 이루어져 있다.

제51항 | 부사의 끝음절이 분명히 '이'로만 나는 것은 '-이'로 적고, '히'로만 나거나 '이'나 '히'로 나는 것은 '-히'로 적는다

부사의 끝음절 발음에 따라 '-이'나 '-히' 둘 중 하나로 적는다는 내용인데, [이]로도 소리 나고 [히]로도 소리 나면 '-히'로 통일하여 적는다는 것을 기억해 두자.

'솔직히', '가만히', '간편히', '나른히', '무단히', '각별히', '소홀히', '쓸쓸히', '정결히', '과감히', '꼼꼼히', '심히', '열심히', '급급히', '답답히', '섭섭히', '공평히', '능히', '당당히', '분명히', '상당히', '조용히', '간소히', '고요히', '도저히' 등은 [이]로도 소리 나고 [히]로도 소리 나서 '-히'로 적는 부사다.

이 조항의 해설에서는 [이]로 적을 때와 [히]로 적을 때를 정리하여 제시하고 있다.(다만 이것만으로 모든 경우를 구별할 수는 없다.) 그런데 짐작할 수 있듯이 [이]로 소리 나는지 [히]로 소리 나는지 바로, 정확히 구별하기가 어려우므로 헷갈릴 때마다 사전을 찾아 확인할 수밖에 없다.

먼저 '이'로 적는 경우를 보자. 첫째, '겹겹이', '낱낱이', '번번이', '줄줄이' 등과 같이 겹쳐 쓰인 명사 뒤에서다. 둘째, '버젓이', '번듯이', '빠듯이', '지긋이' 등 'ㅅ' 받침 뒤에서다. 셋째, '가벼이', '괴로이', '기꺼이', '너그러이' 등 'ㅂ' 불규칙 용언의 어간 뒤에서다. 넷째, '같이', '깊이', '높이', '많이', '실없이', '헛되이' 같은 '-하다'가 붙지 않는 용언의 어간 뒤에서다. 다섯째, '곰곰이', '더욱이', '생긋이', '오뚝이', '일찍이', '히죽이' 등 부사 뒤에서다(한글 맞춤법 제25항).

다음은 '히'로 적는 경우다. 첫째, '-하다'가 붙는 어근 뒤에서다(단, 'ㅅ' 받침 제외). '간편히', '나른히', '답답히', '속히', '엄격히', '정확히' 등이다. '깨끗'은 '-하다'가 붙는 어근이지만 'ㅅ' 받침이므로 '깨끗히'가 아니라 '깨끗이'로 적는다.('길쭉이', '깊숙이', '끔찍이', '널찍이'처럼 '-하다'가 붙는 어근이지만 '히'가 아니라 '이'가 붙는 경우도 있다.) 둘째, '-하다'가 붙는 어근에 '-히'가 결합하여 된 부사에서 온 말로 '익히(익숙히)', '특히(특별히)' 등이다. 셋째, 어원적으로는 '-하다'가 붙지 않는 어근에 부사화 접미사가 결합한 형태로 분석되더라도 그 어근 형태소의 본뜻이 유지되지 않는 단어인데, 이때는 익어진 발음 형태대로 '히'로 적는다. "'어찌 조금만큼만', '얼마나'의 뜻으로 희망이나 추측을 나타내는 말"인 '작히'가 그 예인데, 이는 어근 형태소인 '작'의 본뜻이 유지되지 않는 단어다. '이'가 붙은 '작이'라는 부사도 있는데 "아쉽게도 채 이르지 못하게"라는 뜻으로 이는 '-하다'가 붙지 않은 '작다'의 어간에 '-이'가 붙은 형태라 할 수 있다. '작히'와 '작이' 모두 언중이 많이 사용하는 말은 아닌 듯싶다.

제52항 | 한자어에서 본음으로도 나고 속음으로도 나는 것은 각각 그 소리에 따라 적는다

속음은 "한자의 음을 읽을 때, 본음과는 달리 일부 단어에서 굳어져 쓰이는 음"을 일컫는다. 예컨대 '六月'은 '육월'이 아니라 '유월'로 읽고 '五六月'은 '오륙월'이 아니라 '오뉴월'로 읽으므로 그렇게 굳어진 소리대로 표기한다는 뜻이다. '승낙承諾'에서 '諾'은 본음으로 소리 나지만 '수락受諾', '쾌락快諾', '허락許諾'에서는 속음으로 소리 나므로 소리 나는 대로 적은 것이다. '木'은 '목재木材'에서는 본음, '모과木瓜'에서는 속음으로 난다. '八'은 '팔일八日'에서는 본음, '초파일初八日'에서는 속음으로 난다.

같은 한자가 단어에 따라 본음과 속음으로 다르게 소리

나는 다음의 말들을 일별해 보자.

본음 / 속음

제공提供, 제기提起 / 보리菩提, 보리수菩提樹

도장道場(무예를 닦는 곳) / 도량道場(도를 얻으려고
수행하는 곳)

공포公布 / 보시布施, 보싯돈布施—

자택自宅 / 본댁本宅, 시댁媤宅, 댁내宅內

단심丹心, 단풍丹楓 / 모란牡丹

동굴洞窟, 동네洞— / 통찰洞察, 통촉洞燭

당분糖分, 혈당血糖 / 사탕砂糖, 설탕雪糖, 탕수육糖水肉

제53항 | 다음과 같은 어미는 예사소리로 적는다

이 항은 예사소리로 적는 어미를 다룬다. 이 어미는 모두 '(ㄹ'로 시작하며 된소리가 나더라도 소리 나는 대로 표기하지 않는다. 예컨대 '갈지'(-ㄹ지), '밀수록'(-ㄹ수록), '불쌍할사'(-ㄹ사), '고울시고'(-ㄹ시고), '취할진대' (-ㄹ진대)와 같이 예사소리로 적는다. 이러한 어미에는 다음과 같은 것이 있다. '-(으)ㄹ거나', '-(으)ㄹ걸', '-(으) ㄹ게', '-(으)ㄹ세', '-(으)ㄹ세라', '-(으)ㄹ수록', '-(으)

ㄹ시’, ‘-(으)ㄹ지’, ‘-(으)ㄹ지니라’, ‘-(으)ㄹ지라도’, ‘-(으)ㄹ지어다’, ‘-(으)ㄹ지언정’, ‘-(으)ㄹ진대’, ‘-(으)ㄹ진저’, ‘-올시다’.

다만 ‘ㄹ’로 시작하며 된소리가 나는 어미 중 의문을 나타내는 것은 다음과 같이 소리 나는 대로 적는다. ‘오늘 어디 갈까?’(-ㄹ까), ‘점심상 보아 올릴깝쇼?’(-ㄹ깝쇼), ‘집도 없이 나는 어디로 갈꼬?’(-ㄹ꼬), ‘내가 너에게 질쏘냐?’(-ㄹ쏘냐), ‘내 마음 아실 이 누구일쏜가?’(-ㄹ쏜가)

그 밖에 ‘ㄹ’로 시작하지 않더라도 의문을 나타내는 ‘-(스)ㅂ니까’, ‘-(으)리까’ 등의 어미도 ‘얼마나 기쁩니까?’, ‘이 일을 어찌 하오리까?’ 등과 같이 된소리로 표기한다.

제54항 | 다음과 같은 접미사는 된소리로 적는다

이 항에서는 된소리로 적는 접미사를 다룬다. 먼저 하나로 통일하여 적는 접미사를 살펴보자. ‘-꾼’과 ‘-군’은 ‘꾼’으로 통일한다. 따라서 ‘나뭇군’이 아니라 ‘나무꾼’으로, ‘지겟군’이 아니라 ‘지게꾼’으로 적는다. ‘-깔’과 ‘-갈’은 ‘깔’로 통일한다. ‘빛갈’이 아니라 ‘빛깔’, ‘맛갈’이 아니라 ‘맛깔’로 적어야 옳다. ‘-때기’와 ‘-대기’는 ‘때기’로 적는다. '귓대기'가 아니라 '귀때기', '판잣대기'가 아니라 '판자때기'로 표기한다. '-꿈치'와 '-굼치'는 '-꿈치'로 통일한다. '뒷굼치'는 '뒤꿈치', '팔굼치'는 '팔꿈치'로 적어야 한다.

'-배기'와 '-빼기'는 경우에 따라 구별하여 표기한다. 첫째, '귀퉁배기', '나이배기', '대짜배기', '육자배기六字-', '주정배기酒酊-', '진짜배기', '포배기' 등과 같이 [배기]로 발음되면 배기로 적는다. 둘째, '뚝배기', '학배기'(잠자리의 애벌레) 등과 같이 한 형태소 안에서 'ㄱ, ㅂ' 받침 뒤에서 [빼기]로 발음되면 '배기'로 적는다.(한글 맞춤법 제5항 참조) 셋째, '고들빼기', '대갈빼기', '머리빼기', '밥빼기'("동생이 생긴 뒤에 샘내느라고 밥을 많이 먹는 아이"), '악착빼기', '재빼기'("재의 맨 꼭대기") 등과 같이 다른 형태소 뒤에서 [빼기]로 발음되는 것은 '빼기'로 적는다.('언덕배기'는 '언덕빼기'로 적는 것이 맞지만 '언덕바지'와 형태적으로 연관이 있음을 보이기 위해 예외적으로 '언덕배기'로 표기한다.)

'-적다'와 '-쩍다'도 경우에 따라 구별하여 적는다. 첫째, '괴다리적다', '괴달머리적다', '딴기적다', '열퉁적다'와 같이 [적따]로 발음될 때는 '적다'로 적는다. 둘째, '적다少'의 뜻이 유지되는 합성어일 때는 '적다'로 적는다.

'맛적다'가 그 예다. 셋째, '적다少'의 뜻이 없이 [쩍따]로 발음될 때는 '쩍다'로 표기한다. '맥쩍다', '멋쩍다', '해망쩍다', '행망쩍다' 등이 그 예다.

제55항 | 두 가지로 구별하여 적던 다음 말들은 한 가지로 적는다

이 항에서는 한때 두 가지로 구별해 적었지만 한 가지로 통일해 적는 말을 명시한다. '맞추다(마추다)'와 '뻗치다(뻐치다)'가 그것이다. 먼저, '제자리에 맞게 붙이다, 주문하다, 똑바르게 하다, 비교하다' 등의 뜻이 있는 말은 '마추다'가 아니라 '맞추다'로 적는다. '퍼즐을 맞추다', '구두를 맞추다', '줄을 맞추다', '기분을 맞추다', '시간을 맞추다', '(친구와) 답을 맞추다' 등과 같이 적으면 된다.('맞추다'는 '맞다'의 사동사인 '맞히다', 그리고 '마치다'와 구별하여 적어야 한다.) 다음으로 '어떤 방향으로 길게 이어져 가다, 어떤 것에 미치게 길게 내밀다'의 뜻이 있는 말은 '뻐치다'가 아니라 '뻗치다'로 적는다. '태백산맥은 남북으로 길게 뻗쳐 있다', '아이는 팔을 뻗쳐 엄마를 잡으려 했다' 등에서와 같이 적는다.

제56항 | '-더라, -던'과 '-든지'는 다음과 같이 적는다

이 항에서는 어미 '-더라', '-던', 조사로도 어미로도 쓰이는 '-든지'의 표기를 다룬다. 지난 일을 나타내는 어미는 다음 예문에서처럼 '-드라', '-든'이 아니라 '-더라', '-던'으로 적는다. '지난겨울은 몹시 춥더라.' '깊던 물이 얕아졌다.' '그렇게 좋던가?' '그 사람 말 잘하던데!' '얼마나 놀랐던지 몰라.' '-더라', '-던'은 과거에 겪어서 알게 된 사실을 현재로 옮겨 그대로 전달할 때 쓰이는 어미다.

　물건이나 일의 내용을 가리지 않는 뜻을 나타내는 조사, 어미는 다음과 같이 '-던지'가 아니라 '-든지'로 표기한다. '배든지 사과든지 마음대로 먹어라.'(조사) '가든지 오든지 마음대로 해라.'(어미) 조사 '든지', 어미 '-든지'의 준말인 '든', '-든'도 마찬가지로 '던', '-던'으로 적지 않는다.

제57항 | 다음 말들은 각각 구별하여 적는다

한글 맞춤법의 마지막 항인 제57항에서는 적잖이 혼동되므로 각각 구별하여 적어야 하는 말을 제시한다. 발음이 같거나 비슷하고, 형태가 유사하지만 뜻이 다른 말이다.

이 항에서 예시하는 말을 나열하면 다음과 같다.

가름 / 갈음

거름 / 걸음

거치다 / 걷히다

걷잡다 / 겉잡다

그러므로(그러니까) / 그럼으로(써)(그렇게 하는 것
　　으로)

노름 / 놀음(놀이)

느리다 / 늘이다 / 늘리다

다리다 / 달이다

다치다 / 닫히다 / 닫치다

마치다 / 맞히다

목거리 / 목걸이

바치다 / 받치다 / 받히다 / 밭치다

반드시 / 반듯이

부딪치다 / 부딪히다

부치다 / 붙이다

시키다 / 식히다

아름 / 알음 / 앎

안치다 / 앉히다

어름 / 얼음

이따가 / 있다가

저리다 / 절이다

조리다 / 졸이다

주리다 / 줄이다

하노라고 / 하느라고

-느니보다(어미) / -는 이보다(의존 명사)

-(으)리만큼(어미) / -(으)ㄹ 이만큼(의존 명사)

-(으)러(목적) / -(으)려(의도)

(으)로서(자격) / (으)로써(수단)

-(으)므로(어미) / (-ㅁ, -음)으로(써)(조사)

　주의 깊게 살펴보면 어떤 말은 소리 나는 대로 적고 어떤 말은 원형을 밝혀 적었음을 알 수 있다. 다시 한글 맞춤법 제1항으로 돌아가 보자. "한글 맞춤법은 표준어를 소리대로 적되, 어법에 맞도록 함을 원칙으로 한다." 역시 '표준어를 소리대로 적되, 어법에 맞도록' 하는 것이 난제다. 구별하기 까다로운 말을 몇 가지 살펴보자.

　'가름'은 동사 '가르다'에 접미사 '-ㅁ'이 결합한 말이고, '갈음'은 동사 '갈다'에 접미사 '-음'이 결합한 말이다. '갈음'을 소리대로 '가름'으로 적으면 당연히 뜻이 전혀 다른 '가름'과 혼동을 불러일으킨다. 이와 같은 문제를 방지하기 위해 '갈다'의 어간인 '갈'의 형태를 고정하여 '갈음'으로 표기하는 것이 바로 어법에 맞도록 한다는 뜻이다.

'안치다'는 음식의 재료를 "솥이나 냄비 따위에 넣고 불 위에 올리다"라는 뜻을 가진 말이고, '앉히다'는 '앉다'의 사동사로 '앉게 하다'라는 의미다. '앉히다'를 소리대로 '안치다'로 쓰지 않고 '앉히다'로 적는 것은 '앉다'의 의미가 들어 있는 말임을 드러내기 위해서다.(한글 맞춤법 제22항에 따르면 용언의 어간에 접미사 '-히-'가 붙어서 이루어진 말은 그 어간을 밝혀 적는다.)

'걷잡다'와 '겉잡다'는 발음이 동일하고 형태도 거의 같지만 뜻은 서로 전혀 다르다. '걷잡다'는 "한 방향으로 치우쳐 흘러가는 형세 따위를 붙들어 잡다"('불길이 걷잡을 수 없이 번져 나갔다'), "마음을 진정하거나 억제하다"('걷잡을 수 없이 흐르는 눈물')의 뜻을 가진 말이며, '겉잡다'는 "겉으로 보고 대강 짐작하여 헤아리다"라는 의미로 '오늘 경기장에는 겉잡아서 천 명이 넘게 온 듯하다'와 같이 쓰인다.

'다치다', '닫히다'와 구별하여 적어야 하는 '닫치다'는 "열린 문짝, 뚜껑, 서랍 따위를 꼭꼭 또는 세게 닫다"('그는 화가 나서 문을 탁 닫치고 나갔다'), "입을 굳게 다물다"('병화는 더 캐어묻고 싶었으나 대답이 탐탁지가 않아서 입을 닫쳐 버렸다')의 뜻을 가진 말이다.

'바치다', '받치다', '받히다'와 구별하여 적어야 하는 '밭치다'는 '밭다'("건더기와 액체가 섞인 것을 체나 거르기 장치에 따라서 액체만을 따로 받아 내다")를 강조하여 이르는 말이며('젓국을 밭쳐 놓았다', '술을 밭쳤다'), "구멍이 뚫린 물건 위에 국수나 야채 따위를 올려 물기를 빼다"('잘 삶은 국수를 찬물에 행군 후 체에 밭쳐 놓았다')라는 뜻 또한 갖고 있다.

'부딪다'의 피동사인 '부딪히다'와 구별하여 적어야 하는 '부딪치다'는 '부딪다'("무엇과 무엇이 힘 있게 마주 닿거나 마주 대다. 또는 닿거나 대게 하다")를 강조하는 말이다.

'알음'과 '앎'은 무척 헷갈린다. '알음'은 "사람끼리 서로 아는 일"('그와는 서로 알음이 있는 사이다'), "지식이나 지혜가 있음", "신의 보호나 신이 보호하여 준 보람", "어떤 사정이나 수고를 알아주는 것" 등의 의미를 가진 말이고, '앎'은 "아는 일"이라는 뜻이다('앎은 힘이다').

'-노라고'는 "자기 나름대로 꽤 노력했음을 나타내는 연결 어미"이고('하노라고 했는데 마음에 드실지 모르겠습니다'), '-느라고'는 "앞 절의 사태가 뒤 절의 사태에 목적이나 원인이 됨을 나타내는 연결 어미"다('영희는 웃음을 참느라고 딴 데를 보았다').

'-(으)러'는 "가거나 오거나 하는 동작의 목적을 나타내는 연결 어미"이고('무엇을 사러 가니?'), '-(으)려'는 "어떤 행동을 할 의도나 욕망을 가지고 있음을 나타내는 연결 어미"다('내일 무엇을 하려(고) 하니?').

이 외에 다음과 같은 말들 또한 발음이 같거나 비슷하고 형태가 유사하지만 의미가 제각각이므로 세심하게 구별해 적어야 한다.

결재 / 결제

끗 / 끝

너머 / 넘어

띄다 / 띠다

싸이다 / 쌓이다

왠 / 웬

해지다 / 헤지다

당기다 / 댕기다 / 땅기다

돋구다 / 돋우다

들르다 / 들리다

바라다 / 바래다

박이다 / 박히다

벌리다 / 벌이다

붇다 / 붇다 / 붓다

썩이다 / 썩히다

젖히다 / 제치다

처지다 / 쳐지다

켜다 / 키다

펴다 / 피다

이 중 두 가지 경우만 살펴보고 넘어가자.

'띠다'와 '띄다'는 헷갈릴 때가 정말 많다. '띠다'는 본딧말이고 '띄다'는 준말이다. '띄다'의 본딧말은 둘인데, 하나는 '뜨이다'이고, 또 하나는 '띄우다'이다('뜨이다'와 '띄우다'는 각각 '뜨다'의 피동사, 사동사다). '띠다'를 써야 할지 '띄다'를 써야 할지 헷갈릴 때는 '띄다'를 '뜨이다' 혹은 '띄우다'로 바꿔 보면 판단하기 쉽다. '얼굴에 미소를 띠다.' '얼굴에 미소를 띄다.' 뒤의 문장에서 '띄다'를 본딧말로 바꾸면 '얼굴에 미소를 뜨이다' 혹은 '얼굴에 미소를 띄우다'가 된다. 미소는 '띄는' 것이 아니라 '띠는' 것임을 바로 알 수 있다. 여기서 '띠다'는 "감정이나 기운 따위를 나타내다"라는 뜻이다(《미소를 띄우며 나를 보낸 그 모습처럼〉이라는 노래 제목에서 '띄우며'는 '띠며'가 되어야 맞다). '붉은빛을 띤 장미.' '붉은빛을 띈 장미.' 이 역시 뒤 문장의 '띈'을 '뜨인' 혹은 '띄운'으로 바꿔 보면 앞 문장에서처럼 '띤'으로 써야 맞다는 것을 알 수 있다. '빨간 지붕이 눈에 띄는 집.' '빨간 지붕이 눈에 띠는 집.' 앞의 문장에서 '띄는'을 '뜨이는'으로 바꾸면 의미가 명확해진다. 집은 눈에 '띠지' 않고 '뜨인다'.

'펴다'와 '피다'는 다음과 같은 차이가 있다. '펴다'와 '피다' 모두 동사지만 '펴다'는 목적어가 있어야 하고, '피다'는 주어가 있어야 한다. 곧 '펴다'는 타동사, '피다'는 자동사다. 주먹은 펴는 것일까, 피는 것일까? 펴는 것이다. 날개는 펴는 것일까, 피는 것일까? 펴는 것이다. 다음과 같은 예문이 있다. "살림살이가 조금 폈다." 여기에서 살림살이는 '편' 것일까, '핀' 것일까? 살림살이가 주어이므로 '핀' 것이다. "얼굴이 폈다." 여기에서 얼굴은 '편' 것일까, '핀' 것일까? 얼굴이 주어이므로 '핀' 것이다.

"표준어를 소리대로 적되, 어법에 맞도록" 한다는 한글 맞춤법 제1항을 염두에 두고 표기가 헷갈릴 때마다 사전을 찾아 의미를 확인하고 제시된 예문을 살펴보면 오용을 줄일 수 있다.

7장

문장 부호

문장의 구조와 글쓴이의 의도

한글 맞춤법에는 '부록'이 있다. 여기에서는 문장 부호를 다룬다. 해설에 따르면 "문장 부호는 글에서 문장의 구조를 드러내거나 글쓴이의 의도를 전달하기 위하여" 사용한다. 그러니까 문장 부호를 사용하지 않거나 제대로 사용하지 않으면 글에서 문장의 구조가 드러나지 않거나 제대로 드러나지 않고 글쓴이의 의도 또한 정확히 전달되지 않을 수 있다는 것이다. 가령 '안경을 쓴 새나의 남동생'에서는 안경을 쓴 사람이 새나인지 새나의 남동생인지 모호하므로 '안경을 쓴, 새나의 남동생' 혹은 '안경을 쓴 새나의, 남동생'과 같이 쉼표를 사용하여 글의 구조를 명확히 드러낼 수 있다. 한편 '만나서 반갑습니다.'와 '만나서 반갑습니다!'와 '만나서 반갑습니다…….'에서 느껴지는 글쓴이의 의도는 제각각인데, 이는 마침표와 느낌표와 말줄임표의 차이에 따른 것이다.

그럼 문장 부호에는 어떤 것이 있는지, 그것은 어떻게 부르는지부터 살펴보자.

마침표 (.)

물음표 (?)

느낌표 (!)

쉼표 (,)

가운뎃점 (·)

쌍점 (:)

빗금 (/)

큰따옴표 (“ ”)

작은따옴표 (‘ ’)

소괄호 (( ))

중괄호 ({ })

대괄호 ([ ])

겹낫표 (『 』), 겹화살괄호 (《 》)

홑낫표 (「 」), 홑화살괄호 (〈 〉)

줄표 (—)

붙임표 (-)

물결표 (~)

드러냄표 (˙), 밑줄 (_)

숨김표 (○, ×) (‘○’는 동그라미표, ‘×’는 가새표 또
는 가위표라고 한다.)

빠짐표 (□)

줄임표 (……)

편집 실무에 요긴한 내용 위주로 각 문장 부호의 사용
법을 알아보자.

직접 인용을 한 문장의 끝에는 마침표를 쓰는 것이 원칙이되 쓰지 않아도 문제없다.

① 그는 "지금 바로 떠나자."라고 말하며 서둘러 짐을 챙겼다.
② 그는 "지금 바로 떠나자"라고 말하며 서둘러 짐을 챙겼다.

작은따옴표로 인용한 문장도 똑같다. 가독성을 높이려고 대부분의 단행본 출판사에서는 ②를 채택하고 있다. 다만 물음표나 느낌표는 생략하지 않는다.

제목이나 표어에는 마침표를 쓰지 않는다는 것을 기억해 두자.(압록강은 흐른다/꺼진 불도 다시 보자/건강한 몸 만들기)

특정한 의미가 있는 날을 표시할 때 '3.1 운동', '8.15 광복' 등과 같이 월과 일을 나타내는 아라비아 숫자 사이에 마침표를 쓴다. 현장에서는 일반적으로 가운뎃점을 쓰는데(미관상 더 깔끔해 보이기 때문일 것이다), 사실은 마침표를 쓰는 것이 원칙이고 가운뎃점 사용은 허용 사항이다.

문장 뒤에 소괄호가 붙을 때는 각 문장의 끝에 마침표

를 찍는 것이 원칙이다.

이른 아침부터 비가 내렸다.(해거름에는 그쳤다.)

하지만 괄호 안의 내용이 사실상 앞 문장의 일부라고 판단되면 다음과 같이 쓸 수도 있다.

이른 아침부터 비가 내렸다(해거름에는 그쳤다).

현장에서는 가독성이 더 높은 후자의 형태를 선호하는 듯하다. 마침표 대신 '온점'이라는 말을 써도 되는데 실제로는 거의 쓰이지 않는 듯하다. (종전 규정에서는 온점과 물음표, 느낌표 등이 모두 마침표에 포함되었는데, 규정을 개정하면서 마침표를 부호 '.'를 가리키는 말로 인정했다. 현실에서 마침표는 부호 '.'만을 가리키는 말로 널리 쓰여온 사정을 반영한 것이다.)

의문문 형식의 제목(역사란 무엇인가)이나 표어(아직도 담배를 피우십니까)에는 물음표를 쓰지 않는 것이 원칙이다. 모르거나 불확실한 내용임을 나타낼 때도 물음표를 쓰는데 특히 연도 표기에 자주 쓰인다.

호메로스(?~?) (모르는 내용)

사마천(기원전 145?~기원전 86?) (불확실한 내용)

느낌표는 제목이나 표어에는 사용하지 않는 것이 원칙이다. 의문문 형식의 문장 끝에 물음표 대신 느낌표를 쓸 수도 있는데, 놀람, 항의, 반가움, 꾸중 등 대답을 바라는 것이 아니라 감정을 드러낸 문장일 때다.

이게 웬 마른날에 벼락 맞을 소리냐! (놀람)

일을 이런 식으로 진행하는 법이 어디에 있단 말입니까! (항의)

우리가 얼마 만에 만난 것이냐! (반가움)

숙제를 이렇게 엉망으로 해 와도 되느냐! (꾸중)

쉼표는 같은 자격의 어구를 열거할 때 그 사이에 쓰는데 '우리나라는 봄 여름 가을 겨울의 구분이 뚜렷하다'에서처럼 열거되는 사항이 쉽게 드러날 때는 쓰지 않아도 무방하다. '우리나라는 봄, 여름, 가을, 겨울의 구분이 뚜렷하다'는 '우리나라는 봄, 여름, 가을 그리고 겨울의 구분이 뚜렷하다'로 쓸 수도 있는데, 이때 '그리고'는 쉼표의 역할을 대신하므로 '그리고' 앞에는 쉼표를 쓰지 않는

다.('봄, 여름, 가을 그리고 겨울'에는 영어 문장의 영향이 배
어 있다. 'spring, summer, fall and winter'를 접속사까지 곧
이곧대로 번역하던 관습의 결과다. 쉼표를 대신하여 굳이
'그리고'를 써야 하는 특별한 이유가 없다면 '봄, 여름, 가을,
겨울'이라고 쓰는 것이 좋다고 생각한다.)

　이웃하는 수를 개략적으로 나타낼 때도 '5, 6세기' '6,
7, 8개'처럼 쉼표를 쓴다. 바로 다음에 이어지는 수가 이
웃하는 수다. '이 책은 4, 5세 정도의 유아에게 읽히면 좋
습니다.'에서 '4, 5세'를 '4~5세'로 표기하는 경우가 많은
데, 4와 5는 정수整數이므로 물결표보다 쉼표를 쓰는 것이
자연스럽다.

　'그리고', '그러나', '그런데', '그러므로' 따위의 접속 부
사는 쉼표의 기능을 하므로 이 말들 뒤에는 쉼표를 쓰지
않는 것이 자연스럽지만 글쓴이가 필요하다고 판단하면
물론 쓸 수 있다. 한 문장 안에서 '곧', '즉', '다시 말해',
'이를테면' 등과 같은 어구로 앞의 말을 다시 설명할 때
는 앞말 다음에 쉼표를 쓰는데, 유독 '즉'을 쓸 때 쉼표를
'즉' 뒤에 쓰는 경우가 적지 않다.

　　창경궁은 15세기 후반에 성종이 전왕의 부인 즉,
　　대비들의 거처로 마련한 것이다. (부자연스러움)

창경궁은 15세기 후반에 성종이 전왕의 부인, 즉
대비들의 거처로 마련한 것이다. (자연스러움)

물론 '즉'으로 시작하는 문장에서는 글쓴이의 선택에
따라 '즉' 뒤에도 쉼표를 사용할 수 있다.

'이리 오세요, 어머님.' '다시 보자, 한강수야.'에서처럼
도치문에서도 어구와 어구 사이에 쉼표를 쓰는 것이 자연
스럽다.

문장 중간에 끼어든 어구의 앞뒤에도 다음과 같이 쉼
표를 쓴다. '나는, 솔직히 말하면, 그 말이 별로 탐탁지 않
아.' 여기서 쉼표는 다음과 같이 줄표(—)로 대체해도 무
방하다. '나는—솔직히 말하면—그 말이 별로 탐탁지
않아.'

한편 '나는—그런데, 솔직히 말하면—그 말이 별로 탐
탁지 않아.'에서처럼 끼어든 어구 안에 다른 쉼표가 들어
가 있을 때는 줄표만 사용한다. '나는, 그런데, 솔직히 말
하면, 그 말이 별로 탐탁지 않아.'와 같이 쓰지 않는다는
말이다.(이는 지나친 면이 없지 않다고 생각한다. 줄표는 영
어로 쓰인 글에 자주 보이는데, 많은 번역가가 원문의 줄표
를 그대로 옮겨 오히려 우리말 문장이 불안정하고 어색해질
때가 적지 않다. 우리말 문장에는 줄표보다 쉼표를 쓰는 편

이 더 자연스럽다고 여긴다.)

 '그는 아니, 더워서, 라고 말했다.' 이와 같이 쉼표 다음에 오는 조사를 띄어놓는 필자가 많은데 대부분의 편집자는 이를 그대로 둔다. 사실 이 문장은 '그는 "아니, 더워서."라고 말했다'와 같이 직접 인용 형식으로 처리해야 할 것을 그러지 않고 복문 형태로 쓴 것이다. 쉼표 다음에 오는 조사를 쉼표와 붙이는지 그러지 않는지는 한글 맞춤법에서 확인할 수 없다. 짐작건대 필자 고유의 호흡을 존중하여 띄어 쓰는 경우가 많은 듯하다. 물론 '그는 아니, 더워서,라고 말했다.'와 같이 교정하는 편집자도 있다.

 쉼표는 '반점'이라고 불러도 된다. 종전 규정에서 쉼표는 반점, 가운뎃점, 쌍점, 빗금 등을 아우르는 말이었지만 현실에서는 부호 ','만을 가리킬 때가 많았기에 그러한 사정을 고려하여 개정 규정에서는 부호 ','를 가리키는 기본적인 용어로 인정했다.(마침표와 온점의 사례와 동일하다.)

 한편 쉼표는 100,000원과 같이 수의 자릿점을 나타낼 때도 적잖이 쓰이는데 한글 맞춤법 규정에서는 이 내용은 다루지 않는다. 이런 용법이 문장 부호에는 해당하지 않기 때문으로, 물론 수의 자릿점을 나타낼 때 쉼표를 사용하지 말라는 뜻은 아니다.

가운뎃점은 짝을 이루는 어구들 사이에 쓰는데, 이때는 가운뎃점을 생략하거나 가운뎃점 대신 쉼표를 쓸 수도 있다. '빨강·초록·파랑이 빛의 삼원색이다'는 '빨강 초록 파랑이 빛의 삼원색이다', '빨강, 초록, 파랑이 빛의 삼원색이다'와 같이 써도 무방하다.

쌍점은 '문장 부호: 마침표, 물음표, 느낌표, 쉼표 등'에서와 같이 앞말과 붙이고 뒷말과 띄어 쓰는 것이 원칙이다. 다만 시와 분, 장과 절 등을 구별할 때(오전 10:20, 두시언해 6:15), 의존 명사 '대對'가 쓰일 자리에 쓸 때(65:60, 청군:백군)는 앞말과 뒷말 모두에 붙여 쓴다.

시의 행이 바뀌는 부분임을 나타낼 때는 빗금을 쓴다. 연이 바뀜을 나타낼 때는 두 번 겹쳐 쓴다. "죽는 날까지 하늘을 우러러 / 한 점 부끄럼이 없기를, / 잎새에 이는 바람에도 / 나는 괴로워했다. / 별을 노래하는 마음으로 / 모든 죽어가는 것을 사랑해야지. / 그리고 나한테 주어진 길을 / 걸어가야겠다. // 오늘 밤에도 별이 바람에 스치운다." 이때 빗금의 앞뒤는 띄어 쓰는 것이 원칙이며 붙여 써도 무방하다.

빗금은 3/4과 같이 분수를 나타낼 때 흔히 쓰이는데 이는 문장 부호에 해당하지 않으므로 한글 맞춤법에서는 이 용법을 다루지 않는다.

큰따옴표는 문장 안에서 책의 제목이나 신문 이름 등을 나타낼 때도 쓸 수 있고, 작은따옴표는 소제목, 그림이나 노래와 같은 예술 작품의 제목, 상호, 법률, 규정 등을 나타낼 때도 쓸 수 있다.

중괄호는 '아이들이 모두 학교{에, 로, 까지} 갔어요'에서와 같이 열거된 항목 중 어느 하나가 자유롭게 선택될 수 있음을 보일 때 쓴다.

대괄호는 원칙적으로 〔 〕이 아니라 [ ]를 가리킨다.(물론 〔 〕를 쓰면 안 되는 것은 아니다.) 대괄호는 고유어에 대응하는 한자어를 함께 보일 때 다음과 같이 쓴다. '나이[年歲]', '낱말[單語]', '손발[手足]'. 고유어에 대응하는 외래어나 외국어를 표기할 때도 마찬가지다. '낱말[word]', '자유 무역 협정[FTA]', '국제 연합 교육 과학 문화 기구[UNESCO]'. 하지만 현장에서는 이러한 경우 대괄호보다 소괄호를 사용하거나 아예 괄호를 생략할 때가 더 많은 듯하다.(역시 가독성을 높이기 위해서다.)

'그것[한글]은 이처럼 정보화 시대에 알맞은 과학적인

문자이다'에서처럼 원문에 대한 이해를 돕기 위해 설명이나 논평 등을 덧붙일 때도 대괄호를 쓰는데, 현장에서는 이러한 경우에도 소괄호를 더 자주 사용하는 듯싶다.

해설에 따르면 대괄호는 주로 문장이나 단락처럼 비교적 큰 단위와 관련된 보충 설명을 덧붙일 때 쓰이지만, 소괄호는 문장보다 작은 단위와 관련된 보충 설명을 덧붙일 때도 잘 쓰인다.

겹낫표와 겹화살괄호는 원칙적으로 책의 제목, 신문 이름 등을 나타낼 때 쓴다. 앞에서도 말했듯이 이때 겹낫표와 겹화살괄호는 큰따옴표로 대체해도 무방하다. 책의 제목에는 겹낫표나 겹화살괄호를 쓰는 출판사가 대부분이지만, 신문 이름 등은 홑낫표나 홑화살괄호를 쓰는 곳이 더 많은 듯하다. 다음과 같이 책 제목이나 신문 이름 등이 문장 안에서가 아니라 독립적으로 쓰일 때는 겹낫표나 겹화살괄호 혹은 큰따옴표를 붙이지 않아도 된다.

고전 소설: 구운몽, 홍길동전, 춘향전, 박씨부인전

홑낫표나 홑화살괄호는 원칙적으로 소제목, 그림이나 노래와 같은 예술 작품의 제목, 상호, 법률, 규정 등을 나타낼 때 쓴다. 그리고 이들은 작은따옴표로 대체해도 무방하다. 해설에 따르면 겹낫표(겹화살괄호, 큰따옴표)와 홑낫표(홑화살괄호, 작은따옴표) 중 무엇을 써야 할지 헷갈릴 때는 후자를 우선 선택하면 된다고 한다.

줄표는 제목 다음에 표시하는 부제의 앞뒤에 쓰며 뒤에 오는 줄표는 생략할 수 있다.

> '환경 보호—숲 가꾸기—'라는 제목으로 글짓기를 했다.
> '환경 보호—숲 가꾸기'라는 제목으로 글짓기를 했다.

현장에서는 다음처럼 제목 뒤에 쌍점을 쓸 때도 많다.

> '환경 보호: 숲 가꾸기'라는 제목으로 글짓기를 했다.

한글 맞춤법 문장 부호의 용례에는 없는 내용이지만, 줄표는 다음과 같이 길게 이어지는 음절을 표시할 때도 종종 사용된다.

“아— 졸려.”
“야—호—”

줄표를 넣어야 할 곳에 붙임표를 넣지 않도록 조심해야
한다. 실무에서 줄표는 보통 ‘배선’(1.5배선, 2배선 등), 붙
임표는 ‘하이픈’이라 통칭한다. 붙임표는 두 개 이상의 어
구가 밀접한 관련이 있음을 나타내고자 할 때 쓴다.

원-달러 환율
남한-북한-일본 삼자 관계

여기서 붙임표는 쉼표나 가운뎃점으로 대체해도 무방
하다.

물결표는 기간이나 거리 또는 범위를 나타낼 때 쓴다.

9월 15일~9월 25일
김정희(1786~1856)
서울~천안 정도는 출퇴근이 가능하다.
이번 시험의 범위는 3~78쪽입니다.

여기서 물결표는 붙임표로 바꾸어 써도 상관없다. 실제로 현장에서는 물결표와 붙임표가 통용된다.

'수리는 9월 15일~9월 25일 실시된다'를 '수리는 9월 15일~9월 25일까지 실시된다'로 쓰지 않도록 주의하자. 물결표에 이미 기간의 의미가 들어가므로 '까지'라는 조사는 필요하지 않다. '수리는 9월 15일부터 25일까지 실시된다'처럼 쓰는 것은 바르다. 하지만 '이번 시험의 범위는 3~78쪽입니다'를 '이번 시험의 범위는 3~78쪽까지입니다'로 쓰면 자연스럽지 않다.

드러냄표와 밑줄은 문장 내용 중에서 주의가 미쳐야 할 곳이나 중요한 부분을 특별히 드러내 보일 때 쓴다.

한글의 본디 이름은 훈민정음이다.
지금 필요한 것은 지식이 아니라 실천입니다.

이때 드러냄표와 밑줄 대신 작은따옴표를 써도 상관없다. 해설에서는 이와 관련하여 작은따옴표를 써도 된다는 점을 붙임 조항으로 달았는데, 작은따옴표 항목에서 이 용법을 다루면 드러냄표와 밑줄 항목을 독립적으로 세울 수 없기 때문이라고 밝힌다. 현장에서는 압도적인 비율로 작은따옴표를 훨씬 더 많이 사용할 것이다.

숨김표는 금기어나 공공연히 쓰기 어려운 비속어임을 나타낼 때 쓰는데, 그 글자의 수효만큼 쓴다는 것을 알아 두자.

배운 사람 입에서 어찌 ○○○란 말이 나올 수 있 느냐?

이 문장에서 동그라미표로 숨긴 금기어나 비속어의 수효는 셋이다. 숨김표는 비밀을 유지해야 하거나 밝힐 수 없는 사항임을 나타낼 때도 쓰는데, 이때는 숨김표를 그 글자의 수효만큼 쓴다는 구절이 없다. 비밀이나 밝힐 수 없는 사항을 숨김표로 나타내는 것이므로 글자의 수효 등 정보를 제공하는 것은 모순이기 때문이다. 따라서 '그 모임의 참석자는 김×× 씨, 정×× 씨 등 5명이었다'라는 문장에서 ××는 숨겨진 글자의 수효가 둘이라는 뜻이 아니다.(그런데 과연 이러한 고심과 의도를 알아주고 알아챌 한국어 사용자가 얼마나 될지는 의문이다.)

빠짐표는 옛 비문이나 문헌 등에서 글자가 분명하지 않

을 때 그 글자의 수효만큼 쓰고(大師爲法主□□賴之大□
薦), 글자가 들어가야 할 자리를 나타낼 때도 쓴다(훈민정
음의 초성 중에서 아음ㅋ쯥은 □□□의 석 자다).

줄임표는 '말줄임표'라고 부르기도 한다. 할 말을 줄였
을 때('그는 최선을 다했다. 그러나 성공할지는…….'), 말이
없음을 나타낼 때("빨리 말해!" "…….") 쓰는 것이 보통이
다. 줄임표 다음에는 마침표, 물음표, 느낌표 등을 찍는
것이 원칙이지만 현장에서는 흔히 가독성을 높이기 위해
마침표는 생략한다.(물음표와 느낌표는 생략하지 않는다.)
줄임표는 문장이나 글의 일부를 생략할 때도 쓰는데, 이
때는 다음과 같이 앞말, 뒷말과 띄어 쓴다.

유구한 역사와 전통에 빛나는 우리 대한국민은
3·1운동으로 건립된 대한민국임시정부의 법통
과 불의에 항거한 4·19민주이념을 계승하고, ……
1948년 7월 12일에 제정되고 8차에 걸쳐 개정된
헌법을 이제 국회의 의결을 거쳐 국민투표에 의하
여 개정한다.

이때 줄임표로 처리한 부분은 문장의 일부일 수도 있

고 하나 이상의 문장일 수도 있다. 현장에서는 줄임표 앞뒤에 소괄호나 대괄호를 붙이기도 한다. 줄임표는 다음과 같이 머뭇거림을 보일 때도 쓴다.

사실…… 나는…… 거짓말을…… 했어.

줄임표의 점은 가운데가 아니라 아래쪽에 찍어도 상관없다. 마침표가 필요하면 점을 아래쪽에 찍은 경우에도 마침표를 찍어야 하므로 모두 합해 점 일곱 개를 아래쪽에 찍게 되는 셈이다. 현장에서는 일반적으로 줄임표의 점은 가운데에 찍는다. 줄임표의 점은 여섯 개가 원칙이지만 세 개만 찍어도 되며 그렇게 할 때도 많다.

반복하건대 여기에서는 문장 부호의 사용법 가운데 편집 실무에서 꼭 알아두어야 할 것들을 위주로 다루었다. 한국어 어문 규범 누리집(https://korean.go.kr/kornorms/main/main.do)의 한글 맞춤법 부록에 그 전체 용법과 자세한 해설이 실려 있으니 독자의 일독을 권한다.

표준어 규정

8장

총칙

표준어의 개념

표준어 규정 제1항의 해설에 따르면 "한 나라 안에서 지역적으로나 사회적으로 여러 형태로 쓰이는 말을 단수 혹은 복수의 표준형으로 제시하는 것은 그 나라 국민들의 효율적이고 통일된 의사소통을 위한 것이다". 여기에서는 일반 독자는 물론이고 편집자조차 헷갈릴 때가 많아 쉴 새 없이 사전을 찾아 확인해야 하는 악명 높은(!) 표준어를 중심으로 표준어 규정 전반을 다루어보려 한다.

표준어 규정의 제1부(제1~26항)는 '표준어 사정 원칙'이고, 제2부(제1~30항)는 '표준 발음법'이다.

제1항을 보자.

제1항 | 표준어는 교양 있는 사람들이 두루 쓰는 현대 서울말로 정함을 원칙으로 한다

이 항의 해설에서는 표준어를 정하는 사회적, 시대적, 지역적 기준을 비교적 상세히 밝혀놓았다.

첫째, 표준어의 사회적 기준은 교양 있는 사람들이 쓰는 말이라는 것이다. 교양이란 "학문, 지식, 사회생활을 바탕으로 이루어지는 품위"를 뜻한다. 말하자면 교양은 품위("사람이 갖추어야 할 위엄이나 기품")다.

내가 생각하기에 표준어는 '웬만한' 사람들이 쓰는 말이다. 여기서 '웬만하다'는 "정도나 형편이 표준에 가깝거나 그보다 약간 낫다", "허용되는 범위에서 크게 벗어나지 아니한 상태에 있다"라는 뜻이다. 물론 '교양 있는 사람들'을 '웬만한 사람들'이라고 바꾸어 불러본들 그 사회적 기준이라는 것은 여전히 헐겁다.

둘째, 표준어의 시대적 기준은 현대의 말이라는 것이다. 현대는 자연과학의 용어들처럼 명확히 정의 내릴 수 있는 말이 아니다. 역사학에서는 현대를 "사상思想이나 그 밖의 것이 현재와 같다고 생각되는 때부터 지금까지의 시기"라고 정의한다. 표준어의 시대적 기준에 이러한 정의를 준용해도 큰 탈은 없을 듯하다.

우리나라는 한국 전쟁 이후 더없이 빠른 속도로 경제 발전을 이루는 동안 수많은 사회적 변화를 겪었고, 그 변화상은 우리가 쓰는 언어에도 그때그때 고스란히 반영되었다. 근래 들어서는 언어가 변화하는 속도를 언중의 의식이 따라잡을 수 없을 정도다. 이러한 영향으로 세대 간 의사소통 또한 갈수록 어려워지고 있다. 그래서 현대를 정의하는 일은 사실상 불가능하다. 이 조항의 해설에서도 지적하듯이 이에 대해서는 "언중들의 직관으로 이해"하는 것이 적절할 듯싶다. 내가 제안하고 싶은 표현은 '요즈음’이다. 불가피하게 언어적 직관에 기대야 한다면, 그 실체가 쉽사리 그려지지 않는 ‘현대’보다는 ‘요즈음’이 좀 더 자연스레 쓸 수 있는 말이 아닐까 싶다.

셋째, 표준어의 지역적 기준은 서울말이라는 것이다. 이 조항의 해설에서는 “서울말이어야 한다”며 당위를 강조한다. 서울말을 표준어로 삼는 데에는 얼마간 불합리해 보이는 면이 있다. 지방(시골)과 방언(사투리)에 대한 공식적(?) 차별 같기도 하다. 따지자면 서울말도 서울 ‘지역어’에 불과하지 않은가.

그런데 달리 보면 서울말을 놔두고 굳이 다른 지역의 말을 표준어로 삼을 마땅한 까닭을 찾기도 어렵다. 서울은 500년 넘게 한 나라의 수도였고 인구(언중)가 가장 많은 곳이었다. 당연히 방방곡곡에서 사람들이 쉼 없이 드나들었다. 그러므로 서울 토박이들이 써온 말을 표준어로 삼은 것은, 과학적 근거를 대기는 어렵다 해도, 그리 비과학적인 일도 아니겠다 싶다.

표준어는 공용어로서의 성격이 강하고, 공용어는 나라 안에서 언중의 원활한 의사소통을 위해 필요하다. 그런 만큼 여타 지역어에 비해 의사소통을 하는 데 가장 지장을 덜 받는 서울말을 표준어로 정한 것은 나름대로 합당하다고 생각한다. 다만 서울말을 표준어로 삼은 것도 일

종의 사회적 합의이거니와, 이러한 합의가 특정 지역어 혹은 지역어 전반에 대한 차별로 작용해서는 안 된다는 것은 강조할 필요도 없다.

웬만한 사람들이 쓰는 요즈음 서울말. 거칠게나마 표준어의 뜻을 나름대로 풀어보았다.

그렇다면 우리말 어휘의 표준어형은 어디에서 확인할 수 있는가? 바로 편집자들이 교정, 교열 업무를 할 때면 늘 열어놓는 국립국어원 인터넷판 표준국어대사전이다(stdict.korean.go.kr). 1999년 초판이 나온 종이 사전 표준국어대사전이 그 바탕이며 현재 지속적으로 수정과 보완이 이루어지고 있다. 이곳에서 방대한 우리말 어휘의 표준어형을 확인할 수 있으며, 과거에는 비표준어로 취급받았으나 현재 표준어로 인정되는 어휘들이 꾸준히 등재되고 있다. 현장에서는 고려대 한국어대사전도 적극 활용하는 줄로 안다. 다음과 네이버의 국어사전 서비스를 통해 이용할 수 있다.

제2항 | 외래어는 따로 사정한다

이 조항에는 외래어는 표준어와 달리 사회적(교양 있는 사람들이 쓰는), 시대적(현대), 지역적(서울말) 기준을 적용하여 사정할 수 없다는 뜻이 담겨 있다. 한국어 어문 규범에 '외래어 표기법'을 따로 둔 까닭이다. 외래어 표기법에 대해서는 뒤에서 구체적으로 설명하겠다.

외래어 표기법의 '외래어'는 우리말에 동화되지 않은 모든 외국어를 포함하지만, 이 조항에서 '외래어'는 우리말에 편입된 말만을 가리킨다는 것을 기억해 두자.

9장

발음 변화에 따른
표준어 규정

소리가 달라졌을 때 표준어

표준어 규정의 제1장은 총칙이고 제2장은 발음 변화에 따른 표준어 규정이다. 시간의 흐름에 따라 우리말 어휘의 자음과 모음, 길이 또한 변화를 겪는다. 발음 변화의 정도가 심하거나, 어떤 어휘의 발음이 근래의 표준어 사용자들의 실제 발음과 괴리가 크면 그 실상을 현실에 반영하여 표준어를 새로이 정한다. 발음이 바뀐 말만 인정한 것이 단수 표준어, 발음이 바뀌기 전과 바뀌고 난 후의 말 모두를 인정한 것이 복수 표준어다.

표준어 규정의 제3항부터 제7항까지는 자음의 변화라는 범주 내에서 표준어로 삼는 말을 제시한다.

제3항 | 다음 단어들은 거센소리를 가진 형태를 표준어로 삼는다

제4항 | 다음 단어들은 거센소리로 나지 않는 형태를 표준어로 삼는다

제3항에서는 거센소리를 가진 형태의 표준어를, 제4항에서는 거센소리로 나지 않는 형태의 표준어를 제시한다. 이를테면 '끄나불'이 아니라 '끄나풀', '나발꽃'이 아니라

‘나팔꽃’, ‘녁’이 아니라 ‘녘’(동녘, 들녘, 새벽녘, 동틀 녘), ‘부엌’이 아니라 ‘부엌’, ‘삵괭이’가 아니라 ‘살쾡이’, ‘간’이 아니라 ‘칸’이 표준어다.

‘나발꽃’이 아니라 ‘나팔꽃’이 표준어라고 해서 ‘나발’이라는 말 전체가 비표준어인 것은 아니다. ‘놋쇠로 긴 대롱처럼 만든 전통 관악기’는 ‘나팔’이 아니라 ‘나발’이다.(“비슷한 발음의 몇 형태가 쓰일 경우, 그 의미에 아무런 차이가 없고, 그중 하나가 더 널리 쓰이면, 그 한 형태만을 표준어로 삼는다”는 표준어 규정 제17항에 따라 그러하다.)

‘삵+괭이(고양이)’는 [삭꽹이]보다 [살쾡이]가 보편적인 발음이므로 ‘살쾡이’를 표준어로 삼은 것이다(‘삵’도 표준어다).

‘칸막이’, ‘빈칸’, ‘방 한 칸’ 등과 같이 공간의 구획을 나타낼 때는 ‘간’이 아니라 ‘칸’이 표준어다. 하지만 ‘초가삼간’, ‘뒷간’, ‘마구간’, ‘방앗간’, ‘외양간’, ‘푸줏간’, ‘헛간’ 등에서처럼 이미 굳어진 한자어 속에서 쓰이거나 공간으로서의 장소를 가리키는 접미사로 쓰일 때는 ‘칸’이 아니라 ‘간’을 쓴다.

‘재산이나 돈을 함부로 써서 몽땅 없애다’라는 뜻의 표준어는 ‘떨어먹다’가 아니라 ‘털어먹다’이다. ‘재물을 몽땅 빼앗거나 훔치다’라는 뜻으로는 ‘털다’와 ‘떨다’ 모두 사용할 수 있지만 '먹다'와 결합하여 합성어로 쓰일 때는 '털어먹다'만 표준어로 인정한다.(참고로 먼지는 '터는' 것이 아니라 '떠는' 것이다. '털다'의 뜻은 "달려 있는 것, 붙어 있는 것 따위가 떨어지게 흔들거나 치거나 하다"이다. "달려 있거나 붙어 있는 것을 쳐서 떼어 내다"는 '떨다'의 뜻풀이다. '옷을 털어 먼지를 떨었다'와 같이 쓸 수 있다.) (이상 제3항)

'가을카리', '거시키', '푼침'은 모두 비표준어이고 '가을갈이', '거시기', '분침'이 표준어다. (이상 제4항)

제3항과 제4항에서 예시하는 어휘는 사실 표준어 규정을 몰라도 대부분의 언중이 표준적인 형태를 인지하는 말이다. 여기서는 이미 뿌리 내린 형태를 표준어 규정이 '인정'하는 셈이다.

제5항 | 어원에서 멀어진 형태로 굳어져서 널리 쓰이는 것은, 그것을 표준어로 삼는다

'강남콩'이 아니라 '강낭콩'이, '고샅'이 아니라 '고삿'이, '삭월세'가 아니라 '사글세'가 표준어인 것은 어원이 학문적으로 밝혀져 있어도 언중의 어원 의식이 약해져 어원에서 멀어진 형태가 널리 쓰이면 그 말을 표준어로 삼기 때문이다.('삭월세'는 비표준어이지만 '월세'는 표준어다.)

반면 어원적으로 원형에 가까운 형태가 아직 쓰이면 그런 말을 표준어로 삼는다. "꽤 어지간한 정도로"라는 뜻의 '적이'는 의미적으로는 '적다'로부터 멀어져 오히려 그 반대되는 뜻을 가지게 되어 한동안 '저으기'라는 말을 널리 보급하기도 했지만 그 어원인 '적다'와의 관계를 부정할 수 없으므로 '적이'를 표준어로 삼은 것이다.

제6항 | 다음 단어들은 의미를 구별함이 없이, 한 가지 형태만을 표준어로 삼는다

이 항에서는 의미를 구별하지 않고 하나의 형태로만 쓰는 표준어를 정리한다.

'생일'과 '주년'으로 구별해 쓰던 '돌'과 '돐'은 '돌'로 통합했다. '차례'의 뜻으로는 '둘째', '셋째', '넷째', '수량'의 뜻으로는 '두째', '세째', '네째'로 구별해 쓰던 것을 이제는 통일하여 '둘째', '셋째', '넷째'로만 쓴다.(단, '둘째'는 십 단위 이상의 서수사에 쓰일 때는 '열두째', '수물두째'와 같이 '두째'로 쓴다. '열두 개째', '스물두 개째'와 같이 수량을 나타낼 때는 '열둘째', '스물둘째'라고 쓴다.)

과거에 '나중에 갚기로 하고 남의 물건이나 돈을 쓰다'

의 의미로 동사 '빌다'를 쓰기도 했는데('친구에게 돈을 빌다'), 그 형태가 '빌리다'로 바뀜에 따라 이제는 그러한 뜻으로는 '빌다'를 사용하지 않고 '빌리다'만 표준어로 삼는다. '이 자리를 빌어'가 '이 자리를 빌려'의 잘못임은 이러한 까닭에서다.

제7항 | 수컷을 이르는 접두사는 '수-'로 통일한다

수컷을 이르는 접두사는 '숫-'이 아니라 '수-'로 통일한다. '수퀑/숫꿩', '숫나사', '숫놈', '숫사돈'(사위 쪽 사돈), '숫소', '숫은행나무' 모두 비표준어로 표준어는 '수꿩'('장끼'도 표준어다), '수나사', '수놈', '수사돈', '수소'('황소'도 표준어다), '수은행나무'이다. 접두사 '수-' 다음에서 거센소리가 날 때는 그 거센소리를 인정한다.('암-'의 경우에도 마찬가지다.) '수캉아지', '수캐', '수컷', '수키와', '수탉', '수탕나귀', '수톨쩌귀', '수퇘지', '수평아리' 등이 그 예다.(예외는 '수고양이', '암고양이'뿐으로 표준 발음을 따른 것이다.) 접두사 '숫-'이 붙는 경우는 '숫양', '숫염소', '숫쥐' 셋뿐인데 발음상 [ㄴ(ㄴ)] 첨가가 일어나거나 혹은 뒤의 예사소리가 된소리가 되어서 그렇다. '숫양'은 [수양]이 아니라 [순냥], '숫염소'는 [수염소]가 아니라 [순

넘소]로 소리 난다. '숫쥐'는 [수쥐]가 아니라 [숟쮜]로 소리 나므로 '숫-'이 붙는 형태를 표준어로 삼았다.

제8항부터 제13항까지는 발음 변화의 범주에서 모음과 관련된 조항이다.

제8항 | 양성 모음이 음성 모음으로 바뀌어 굳어진 다음 단어는 음성 모음 형태를 표준어로 삼는다

이 항에서는 모음 조화("두 음절 이상의 단어에서, 뒤의 모음이 앞 모음의 영향으로 그와 가깝거나 같은 소리로 되는 언어 현상")를 거스르는 형태의 표준어를 예시한다. '깡충깡충', '-둥이', '발가숭이', '보퉁이', '봉죽', '뻗정다리', '아서/아서라'('앗아/앗아라'가 갖고 있던 '빼앗다'라는 원뜻이 희미해져 현실의 발음을 따른 경우), '오뚝이'('오똑하다'가 아니라 '오뚝하다'가 표준어다), '주추'('柱礎'라는 한자어로서의 형태를 인식하지 않고 쓰는 현실을 인정한 경우) 등인데, 단 '부조扶助', '사돈査頓', '삼촌三寸' 등 한자어 어원을 의식하는 경향이 큰 말은 '부주', '사둔', '삼춘' 등이 널리 쓰이기는 해도 한자어 발음을 그대로 쓴 형태를 표준어로 삼았다.

여기서는 모음 조화를 거스르지 않은 형태를 표준어로 삼은 예외적인 경우를 주의 깊게 살펴야 한다. '깡충깡충', '강중강중', '깡쭝깡쭝'의 음성 모음 대응형은 각각 '껑충껑충', '겅중겅중', '껑쭝껑쭝'이지만, '껑충하다'와 대응하는 말은 '깡충하다'가 아니라 '깡총하다'이다. '발가송이'는 비표준어고 '발가숭이'가 표준어이지만 '애숭이'는 비표준어고 '애송이'가 표준어다. '보통이', '눈통이', '미련퉁이'처럼 '-퉁이'를 쓴 것이 표준어이지만 '고집퉁이', '골퉁이'는 비표준어로 '고집통이', '골통이'가 표준어다('고집통', '골통'에 '-이'가 붙은 형태).

제9항 | 'ㅣ' 역행 동화 현상에 의한 발음은 원칙적으로 표준 발음으로 인정하지 아니하되, 다만 다음 단어들은 그러한 동화가 적용된 형태를 표준어로 삼는다

'서울-', '시골-', '신출-', '풋-'에는 '-나기'가 아니라 '-내기'가 붙는다('여간내기', '보통내기', '새내기' 등에도 '-내기'가 붙었다). 라면은 '남비'가 아니라 '냄비'에 끓인다.(일본어 원형 '나베鍋'에 대한 의식이 희미해졌으므로, '강남콩'을 버리고 '강낭콩'을 표준어로 삼았듯이 '남비'를 버리고 '냄비'를 표준어로 삼았다.) 마지막으로, '동댕이치다'가 아니라 '동댕이치다'가 표준어다. 이상은 'ㅣ' 역행 동화가 일어난 형태를 표준어로 인정한 예다.

'아비, 어미, 고기, 죽이다, 끓이다'는 자주 [애비], [에미], [괴기], [쥐기다], [끼리다]로 발음되는데, 뒤에 오는 'ㅣ' 모음 혹은 반모음 'ㅣ[j]'에 동화되어 앞에 있는 'ㅏ, ㅓ, ㅗ, ㅜ, ㅡ'가 각각 'ㅐ, ㅔ, ㅚ, ㅟ, ㅣ'로 바뀌는 현상이 'ㅣ' 역행 동화다. '아비'를 예로 들면 '비'의 'ㅣ' 모음에 동화되어 '아'가 '애'가 된 것이다. 표준어 규정에서는 이렇게 'ㅣ' 역행 동화에 의한 발음이 구현된 형태를 표준어로 삼지 않는다. 이러한 동화 현상은 광범위하여 그 동화된 형태를 모두 표준어로 인정하면 오히려 혼란이 생길 수도 있으므로 동화된 형태를 인정하는 단어를 최소화한 것이다. 다만 '아지랭이'는 이 조항의 해설에 따르면 "현대 언중의 직관이 '아지랑이'를 표준으로 인식하는 경향이 강해" '아지랑이'를 표준어로 삼았다.

접미사 '-장이'와 '-쟁이'도 헷갈리는 말인데 '-장이'는 '미장이', '유기장이', '칠장이'처럼 기술자에게 붙인다. 나머지에는 '멋쟁이', '소금쟁이'처럼 모두 '-쟁이'가 붙는다. 주의할 점은 여기서 말하는 기술자는 '수공업적인 기술자'를 가리킨다는 것이다. 점을 치는 사람은 '점장이'가 아니라 '점쟁이'이고, 그림 그리는 것이 직업인 사람을 낮

잡아 이르는 말은 '환장이'가 아니라 '환쟁이'인데 이들은 수공업적 기술자가 아니기 때문이다.

제10항 | 다음 단어는 모음이 단순화한 형태를 표준어로 삼는다

'미루나무'의 '미루'는 사실 '버드나무'라는 뜻의 '미류美柳'가 어원이지만 '미루'로 모음이 단순화된 형태로 발음되므로 '미루나무'를 표준어로 삼은 것이다. '여늬'는 '여느', '으례'는 '으레'(어원은 '依例')로 모음이 단순화된 것으로 발음이 변한 형태를 표준어로 삼았다.

제11항 | 다음 단어에서는 모음의 발음 변화를 인정하여, 발음이 바뀌어 굳어진 형태를 표준어로 삼는다

이 항에서는 모음의 발음이 변화하여 그대로 그 형태가 굳어진 표준어들을 보여준다. '주책'과 '지루하다'는 각각 한자어 '주착主着', '지리支離'에 어원을 두지만 발음이 변화한 형태를 표준어로 삼았다.('지리멸렬支離滅裂'에 '지리'가 살아 있다.) '나무래다'와 '바래다'는 '나무라다'와 '바라다'가 표준어로 '나무램', '바램所望'은 '나무람', '바람'으로 써야 옳다. '나무랬다', '바랬다' 역시 '나무랐다', '바랐다'가 옳은 표기다. "실없는 사람을 낮잡아 이르는 말"인 '시러베아들'은 어원적으로 보면 '실實+없-+-의+아들'이 지만 발음이 변하여 통용되는 형태를 표준어로 삼은 것이다. '-구려'(-구료), '깍쟁이'(깍정이), '상추'(상치), '튀기'(트기), '허드레'(허드래), '호루라기'(호루루기) 등도 같은 예다.

제12항 | '웃-' 및 '윗-'은 명사 '위'에 맞추어 '윗-'으로 통일한다

이 항에서는 많은 사람이 잘못 사용하는 '웃-'과 '윗-'을 다룬다. 기본적으로는 위와 아래로 개념상 대립이 이루어지지 않으면 '웃-'을 쓰고, 그 외에는 '윗-'을 쓴다고 보면 된다. 개념상 '아랫어른'은 존재할 수 없으므로 '윗어른'이 아니라 '웃어른'을 표준어로 삼고, 반면에 '아랫목'이 있으므로 '웃목'이 아니라 '윗목'이 표준어가 되는 원리다.

'윗눈썹', '윗니', '윗도리', '윗머리', '윗몸', '윗사랑', '윗수염', '윗입술', '윗자리' 등은 모두 '아랫-'이 붙는 말이 존재하므로 '윗-'을 쓰는 것이다. 다만 '위짝', '위쪽', '위채', '위층', '위턱', '위팔'처럼 된소리나 거센소리 앞에서는 '윗-'이 아니라 '위-'를 쓰는데, 이는 뒷말의 첫소리가

      3부 표준어 규정

된소리로 나거나 'ㄴ' 소리가 덧나는 경우에 사이시옷을 쓴다는 한글 맞춤법 제30항에 맞춘 것이다.('앞쪽'의 반대는 '뒷쪽'이 아니라 '뒤쪽', '앞표지'의 반대는 '뒷표지'가 아니라 '뒤표지'인 것도 같은 맥락에서다.)

'웃국', '웃기', '웃돈', '웃비', '웃옷' 등은 아래, 위 대립이 없어서 '웃-'으로 발음되는 형태를 표준어로 삼은 예인데, 이 중 '웃옷'은 "맨 겉에 입는 옷"을 가리키는 말이고, 위에 입는 옷은 '아랫옷'이라는 말이 없어도 개념상 아래와 대립하므로 '윗옷'이라고 써야 한다.

제13항 | 한자 '구(句)'가 붙어서 이루어진 단어는 '귀'로 읽는 것을 인정하지 아니하고, '구'로 통일한다

'구'와 '귀'가 자주 섞여 쓰인 종래의 혼란을 정리한 것이라고 보면 된다. 이 항에 따라 '귀법'이 아니라 '구법句法', '귀절'이 아니라 '구절句節', '결귀'가 아니라 '결구結句', '대귀'가 아니라 '대구對句', '시귀'가 아니라 '시구詩句', '절귀'가 아니라 '절구絶句'가 표준어다. 예외적으로 글의 구나 절을 가리킬 때는 '글구'가 아니라 '글귀'라고 한다. 한편 '구글'이 아니라 '귀글'이 표준어인데 이는 "한시漢詩 따위에서 두 마디가 한 덩이씩 되게 지은 글"을 뜻하는 말로 다소 생소한 것이 사실이다.

제14항부터 제16항까지는 준말을 다룬다.

제14항 | 준말이 널리 쓰이고 본말이 잘 쓰이지 않는 경우에는, 준말만을 표준어로 삼는다

'똬리'(또아리), '무'(무우), '뱀'(배암), '생쥐'(새앙쥐), '솔개'(소리개), '온갖'(온가지) 등에서 괄호 안의 말은 이제 현실에서는 거의 쓰이지 않아 준말만 표준어로 삼았다.('생쥐'의 본말이 아니라 '땃쥣과의 사향뒤지'를 달리 이르는 말로서 '새앙쥐'는 표준어다.)

제15항 | 준말이 쓰이고 있더라도, 본말이 널리 쓰이고 있으면 본말을 표준어로 삼는다

'경황없다'(경없다), '귀이개'(귀개), '낌새'(낌), '돗자리'(돗), '뒤웅박'(뒹박), '마구잡이'(막잡이), '살얼음판'(살판), '일구다'(일다) 등이 그 예다. 이 조항에서 예시되는 준말은 요즈음 언어생활에서 거의 사용되지 않는 것이 대부분이라 이 조항을 따로 둔 것이 다소 생뚱맞다. 명

 3부 표준어 규정

사에 조사가 붙을 때도 이 원칙을 적용해서 '아래로'만 표준어이고 '알로'는 비표준어인데, 일반적으로 쓰이는 말로 볼 수 없기 때문이라는 것이 이유다.('아래로'를 '알로'라고 하는 사람을 거의 본 적이 없기는 하다.) 그러나 '이리로, 그리로, 저리로, 요리로, 고리로, 조리로' 등은 모두 '일로, 글로, 절로, 욜로, 골로, 졸로'와 같은 준말 형태가 표준어로 인정된다.

제16항 | 준말과 본말이 다 같이 널리 쓰이면서 준말의 효용이 뚜렷이 인정되는 것은, 두 가지를 다 표준어로 삼는다

이 항에서는 준말과 본말 둘 다 표준어로 삼는 경우를 다루는데, 그 조건은 "준말과 본말이 다 같이 널리 쓰이면서 준말의 효용이 뚜렷이 인정"될 때다. '거짓부리/거짓불', '노을/놀', '막대기/막대', '망태기/망태', '머무르다/머물다', '서두르다/서둘다', '서투르다/서툴다', '석새삼베/석새베', '시누이/시뉘-시누', '오누이/오뉘-오누', '외우다/외다', '이기죽거리다/이죽거리다', '찌꺼기/찌끼' 등은 모두 표준어다.

　여기서는 '머무르다/머물다', '서두르다/서둘다', '서투르다/서툴다'의 '비고' 항목에 붙어 있는 '모음 어미가 연결될 때는 준말의 활용형을 인정하지 않음'이라는 말을 주의 깊게 봐야 한다. 이는 '머물어', '서둘어서', '서툴었다' 등과 같이 준말이 활용하는 형태는 인정하지 않는다는 것으로, '가지다'의 준말 '갖다'가 '갖아', '갖아라', '갖았다', '갖으오', '갖은' 따위로 활용하지 못하는 것과 같다. '머물어', '서둘어서', '서툴었다'는 '머물러', '서둘러서', '서툴렀다'와 같이 써야 옳다. 다만 '외우다'의 준말 '외다', '거두다'의 준말 '걷다'는 '외어', '걷어' 등과 같이 활용할 수 있다.

제17항은 단수 표준어를 다룬다.

제17항 | 비슷한 발음의 몇 형태가 쓰일 경우, 그 의미에 아무런 차이가 없고, 그중 하나가 더 널리 쓰이면, 그 한 형태만을 표준어로 삼는다

몇 가지 살펴보자. '귀엣고리'는 오늘날 쓰는 사람이 없어 '귀고리'만 표준어가 되었지만 비슷한 형태인 '눈엣가시', '귀엣말', '앞엣것', '뒤엣것' 등은 요즈음도 널리 쓰이는 말로 표준어다. 여담. 작고한 가수 김민기가 자주 썼다는 '뒷것'이라는 말은 '뒤엣것'과 의미가 비슷한 듯한데, 쓰는 사람이 거의 없어 표준어가 되지는 못했다.

이 조항에서 주의 깊게 살펴야 할 것은 어미 '-던'과 '-든'의 구별, '-던가', '-던지'와 '-든가', '-든지'의 구별이다. '예쁘던 꽃', '먹던 사과를 버리고 새 사과를 먹었다'를 '예쁘든 꽃', '먹든 사과를 버리고 새 사과를 먹었다'와 같이 쓰면 잘못이다. 그러나 선택, 무관의 뜻을 나타낼 때는 '-든', '-든가', '-든지'가 쓰인다. '싫든 좋든 이 길로 가는 수밖에 없다.' '어디에 살든 고향을 잊지는 마라.'(어미 '-든지'는 조사 '든지'와 구별해야 한다.)

어미 '-(으)려고'와 '-(으)ㄹ려고/-(으)ㄹ라고', '-(으)려고 하여야'가 줄어든 말인 '-(으)려야'와 '-(으)ㄹ려야/-(으)ㄹ래야'도 잘 구별해야 한다. '새를 잡을려고/잡을라고 돌을 던졌다.' 이 문장은 '새를 잡으려고 돌을 던졌다.'가 되어야 옳다. '그 사람은 성격이 좋아 미워할려야/미워할래야 미워할 수 없다.' 이 문장은 '그 사람은 성격이 좋아 미워하려야 미워할 수 없다.'가 되어야 바르다.

'석/넉'은 '냥, 되, 섬, 자'와 함께 쓰고, '서/너'는 '돈, 말, 발, 푼'과 함께 쓴다. '서/세 냥', '서/세 되', '서/세 섬', '서/세 자'나 '너/네 냥', '너/네 되', '너/네 섬', '너/네 자'와 같이 쓰는 것은 규범에 어긋난다.

지붕의 안쪽을 가리키는 말은 '천장天障'이 표준어고

‘천정天井’은 비표준어다. 다만 “천장을 알지 못한다는 뜻
으로, 물가 따위가 한없이 오르기만 함을 비유적으로 이
르는 말”은 ‘천정부지天井不知’다.

제18항과 제19항은 복수 표준어를 다룬다. 제18항의
해설에 따르면 “이 조항은 비슷한 발음을 가진 두 형태가
모두 널리 쓰이거나 국어의 일반적인 음운 현상에 따라
한쪽이 다른 한쪽의 발음을 설명할 수 있는 경우, 두 형태
모두를 표준어로 삼았음을 보인 것이다”.

제18항 | 다음 단어는 ㄱ을 원칙으로 하고, ㄴ도 허용한다

    ㄱ: 네, 쇠-, 괴다, 꾀다, 쐬다, 죄다, 쬐다
    ㄴ: 예, 소-, 고이다, 꼬이다, 쏘이다, 조이다, 쪼이다

대답하는 말인 ‘네’와 ‘예’, “소의 부위이거나 소의 특성이
있음을 나타내는 접두사” ‘쇠-’와 ‘소-’는 비슷한 발음을
가진 두 형태가 모두 널리 쓰이는 예다.(원칙은 ‘네’, ‘쇠-’
이고 ‘예’, ‘소-’를 허용한다. ‘쇠-’는 ‘소의’라는 뜻의 옛말의
형태가 그대로 남은 것이다.)
    동사 ‘괴다’, ‘꾀다’, ‘쐬다’, ‘죄다’, ‘쬐다’의 단모음 ‘ㅚ’

는 '고이다', '꼬이다', '쏘이다', '조이다', '쪼이다'의 모음 'ㅗ'와 'ㅣ'가 축약된 형태라고 설명할 수 있으므로 모두 표준어로 인정한 경우다.('괴다', '꾀다', '쐬다', '죄다', '쬐다'가 원칙이고, '고이다', '꼬이다', '쏘이다', '조이다', '쪼이다'를 허용한다.) 한편 "'꾀다'("그럴듯한 말이나 행동으로 남을 속이거나 부추겨서 자기 생각대로 끌다")를 속되게 이르는 말"인 '꼬시다'도 표준어다.

제19항 | 어감의 차이를 나타내는 단어 또는 발음이 비슷한 단어들이 다 같이 널리 쓰이는 경우에는, 그 모두를 표준어로 삼는다

이 조항에 따라 '거슴츠레하다'와 '게슴츠레하다', '꺼림하다'와 '께름하다' 등은 복수 표준어다. '고린내'와 '코린내', '구린내'와 '쿠린내'도 어감의 차이를 나타내는 것으로 보아 복수 표준어다. '나부랭이'와 함께 '너부렁이'도 표준어인데, '너부렁이'가 잘 쓰이는 말인지는 모르겠다. "남을 업신여기고 잘난 체하며 뽐내는 태도"라는 뜻의 '교기驕氣'와 함께 '갸기'도 복수 표준어다.('갸기'는 말할 것도 없고 '교기'라는 말도 요즈음 실제로 쓰는 사람은 거의 없으리라 생각한다.)

10장

어휘 선택의 변화에 따른 표준어 규정

형태가 달라졌을 때 표준어

지금까지 어휘의 발음상의 변화라는 측면에서 표준어 규정을 살펴보았다. 이제부터는 어휘 선택의 변화에 따른 표준어 규정을 살펴보자. 시간이 흐르면서 그 형태가 달라지는 어휘가 있고, 그러한 과정에서 어떤 어휘는 언중이 더는 쓰지 않게 되기도 하는데, 그런 경우에는 표준어 어휘를 갱신해야 한다.

제20항 | 사어(死語)가 되어 쓰이지 않게 된 단어는 고어로 처리하고, 현재 널리 사용되는 단어를 표준어로 삼는다

'봉', '낭', '설겆다', '애닯다', '머귀나무', '오얏'을 버리고 '난봉', '낭떠러지', '설거지하다', '애달프다', '오동나무', '자두'를 표준어로 삼은 것은 이에 따른 결과다. '애닯다'는 '애달프다'에 밀렸지만 '섧다'는 '서럽다'와 함께 복수 표준어다. '머귀나무'는 '오동나무'로 대체되었지만 "운향과의 낙엽 활엽 소교목"이라는 뜻으로는 표준어다. '오얏'은 옛말의 흔적으로 현대의 우리말이라고 볼 수 없어 고어로 처리했다.

제21항과 제22항은 한자어와 관련한 것이다.

제21항 | 고유어 계열의 단어가 널리 쓰이고 그에 대응되는 한자어 계열의 단어가 용도를 잃게 된 것은, 고유어 계열의 단어만을 표준어로 삼는다

이 항에서는 용도를 잃은 한자어 계열의 단어 대신 표준어가 된 고유어 계열의 단어를 예시한다. '가루약'과 '말약末藥' 중에서 '말약', '잎담배'와 '잎초-草' 중에서 '잎초', '흰말'과 '백말白-' 중에서 '백말' 등과 같이 거의 쓰이지 않는 한자어 계열의 말을 버리고(단, '백마白馬'는 표준어다) 그에 대응하는 고유어 계열의 말만을 표준어로 삼는다는 것이다.

제22항 | 고유어 계열의 단어가 생명력을 잃고 그에 대응되는 한자어 계열의 단어가 널리 쓰이면, 한자어 계열의 단어를 표준어로 삼는다

이 항에서는 반대로 용도를 잃은 고유어 계열의 단어 대신 표준어가 된 한자어 계열의 단어를 예시한다. '맞상'이 아니라 '겸상', '홑벌'이 아니라 '단벌', '알무/알타리무'가 아니라 '총각무'('총각總角'은 한자어다)가 현대에 쓰임이 다한 고유어 계열의 어휘를 대신하여 표준어로 자리 잡은

한자어 계열의 어휘다.

제23항과 제24항은 방언과 관련한 조항이다.

제23항 | **방언이던 단어가 표준어보다 더 널리 쓰이게 된 것은, 그것을 표준어로 삼는다. 이 경우, 원래의 표준어는 그대로 표준어로 남겨 두는 것을 원칙으로 한다**

표준어보다 더 널리 쓰이게 된 방언은 그것을 표준어로 삼는데, 이때 원래의 표준어도 그대로 표준어로 남겨둔다. 방언인 '멍게', '물방개', '애순'은 표준어인 '우렁쉥이', '선두리', '어린순'보다 더 널리 쓰이게 됨에 따라 새로이 표준어로 인정하고 기존의 말도 표준어로 남겨둔다.

제24항 | **방언이던 단어가 널리 쓰이게 됨에 따라 표준어이던 단어가 안 쓰이게 된 것은, 방언이던 단어를 표준어로 삼는다**

'귀밑머리'(귓머리), '까뭉개다'(까무느다), '막상'(마기), '빈대떡'(빈자떡), '생인손'(생안손), '역겹다'(역스럽다), '코주부'(코보) 등에서 표준어였던 괄호 안의 말은 널리 쓰이게 된 방언에 밀려 표준어에서 제외되었다.

　제25항에서는 제17항과 같은 취지로 단수 표준어를 규정한다.

제25항 | 의미가 똑같은 형태가 몇 가지 있을 경우, 그중 어느 하나가 압도적으로 널리 쓰이면, 그 단어만을 표준어로 삼는다

이는 복수 표준어로 인정할 경우 혼란을 야기한다는 판단에 따른 것이다. 제17항이 발음의 변화에 초점을 맞추었다면, 이 항에서는 어휘의 기원이 되는 형태가 서로 다른 경우에 초점을 맞추었다. 몇 가지 항목만 골라 살펴보자.
　어미 '-게시리'는 '-게끔'에 밀려 표준어에서 제외되었는데 '-게끔'과 같은 의미의 '-도록'이 널리 쓰이는 데다 방언형이라는 판단에 따른 것이다.(방언형이라는 데는 얼마간 동의하지만 '-게끔'이 '-게시리'보다 압도적으로 더 많이 쓰이는지는 모르겠다.) '등칡'은 '등나무'와 같은 말로는 인정받지 못하지만, "쥐방울덩굴과에 속하는 낙엽 활엽 덩굴나무"의 뜻으로는 표준어다. '나절가웃'은 '반나절'과 같은 뜻을 가진 말로는 인정되지 않으나 "하룻낮의 4분의 3쯤 되는 동안"이라는 뜻으로는 표준어다. '붉으락푸르락'은 표준어고 '푸르락붉으락'은 표준어가 아닌 까닭은, 이러한 종류의 합성어에 일정한 어순이 있음과 현실에서

더 널리 쓰이는 쪽이 분명히 있음을 고려한 것이다.('오락 가락'은 있어도 '가락오락'은 없고, '쥐락펴락'은 있어도 '펴락쥐락'은 없는 것과 같은 이치다.) '신기스럽다', '지혜스럽다'는 '신기롭다', '지혜롭다'에 확실히 밀렸지만, '바보스럽다', '간사스럽다'는 '바보롭다'와 '간사롭다'를 확실히 밀쳐냈다. '명예롭다/명예스럽다', '자유롭다/자유스럽다', '평화롭다/평화스럽다'는 모두 복수 표준어다. '안절부절못하다'와 '안절부절하다' 중에서는 전자만 표준어다. 다만 '안절부절못하다'와 의미가 통하는 부사 '안절부절'은 표준어라서 '안절부절하다'가 '안절부절못하다'와 섞여 쓰인 듯싶다. 어미 '-지만서도'는 '-게시리'와 같이 널리 쓰이지만 방언형으로 판단하여 표준어에서 제외했다. 표준어는 '-지만'이고 이는 '-지마는'의 준말로 '몸은 비록 늙었지마는 마음은 젊다'와 같이 쓰인다.

제26항 | 한 가지 의미를 나타내는 형태 몇 가지가 널리 쓰이며 표준어 규정에 맞으면, 그 모두를 표준어로 삼는다

이 항에서는 복수 표준어를 규정한다. 제18항과 취지가 같다. 여기서 '표준어 규정에 맞으면'이라는 말은 아마도 "표준어는 교양 있는 사람들이 두루 쓰는 현대 서울말로 정함을 원칙으로 한다"는 제1항을 일컬을 것이다. 뜻이 같은 어휘 몇 개가 (요즈음 서울의 웬만한 사람들 사이에서) 두루 쓰일 때 그것들 모두를 표준어로 삼지 못할 이유가 없다. 우리말을 풍부하게 하는 측면도 있고, 무엇보다 표준어는 "인위적으로 부자연스럽게 결정되는 산물"이라는 일반의 생각을 누그러뜨리는 역할도 하기 때문이다.

'가뭄'과 '가물'은 복수 표준어다.(하지만 '가뭄'의 뜻으로 '가물'이라는 말을 쓰는 사람을 본 기억이 없다. 그런 사람이 있다 해도 '가물에 콩 나듯'일 것이다.)

'가엾다/가엽다'는 대표적인 복수 표준어다. '가엾어/가여워', '가엾은/가여운' 등으로 활용한다. '서럽다/섧다', '여쭈다/여쭙다'도 복수 표준어다. '서러워/설워', '여쭈어(여쭤)/여쭈워', '여쭈니/여쭈우니' 등과 같이 활용한다.

'횟배'와 '거위배'도 복수 표준어인데, '횟배'를 놔두고 '거위배'를 쓰는 사람도 거의 없는 듯하다.

의존 명사 '것'의 복수 표준어로 '해'가 있다. '내 것', '네 것'은 '내 해', '네 해'로 쓸 수 있는데, 과연 '해'가 의존 명사 '것'과 복수 표준어라는 사실을 아는 '현대의 교양 있는 서울 사람'이 얼마나 될지 알 수 없다.

"교정쇄와 원고를 대조하여 오자, 오식, 배열, 색 따위

를 바로잡다"라는 뜻의 '교정校正보다'('교정校訂 보는' 것과
는 다르다)와 같은 뜻의 표준어로 '준準보다'가 있다.(나는
가람 이병기가 20세기 초반에 쓴 일기를 읽다가 '준보다'라
는 말을 처음 접하고, 사전을 찾아보고 나서야 그 뜻을 알게
되었다. 과연 '준보다'를 요즘 서울말이라고 할 수 있을까?)

제26항에는 널리 사용되기는커녕 과연 실제로 사용하
는 사람이 얼마나 될까 의구심이 드는 복수 표준어도 적
잖이 제시되어 있다. '되우/된통/되게', '뾰두라지/뾰루
지', '생/새앙/생강', '얼렁-뚱땅/엄벙-뗑', '우지/울-보'
등이 그 예다. 그저 상식을 쌓는다는 마음으로 이 항에 제
시된 복수 표준어를 일별해 보면 좋겠다.

한편, 복수 표준어인 '알은척'과 '알은체'는 사실 '알다'
가 'ㄹ 불규칙 용언'이므로 여기서 '알은'은 '안'이 되어야
하지만 이미 이와 같은 형태로 굳어버린 관용을 존중한
경우다. 따라서 모르면서도 아는 것처럼 말하거나 행동한
다는 뜻의 '아는 척/아는 체'와는 의미가 다르다.

마지막으로, '이에요'와 '이어요'도 복수 표준어다. 각
각 '이다'의 어간 '이-'에 '-에요'와 '-어요'가 붙은 형태
로 체언 뒤에 붙는데('봄이에요', '봄이어요') 체언에 받침
이 없을 때는 줄어든 형태인 '예요'와 '여요'로 붙는다('참
새예요', '참새여요'). '아니다'의 '아니-'에 붙을 때도 '아

니에요(아녜요)’, ‘아니어요(아녀요)’의 형태가 된다. ‘아니예요’, ‘아니여요’라고 쓰면 잘못이다.

　지금까지 표준어 규정의 제1부 표준어 사정 원칙의 내용을 두루 살펴보았다.

　표준어 규정의 제2부는 표준 발음법이다. 여기에서는 “표준 발음법은 표준어의 실제 발음을 따르되, 국어의 전통성과 합리성을 고려하여 정함을 원칙으로 한다”는 총칙을 시작으로 자음과 모음, 음의 길이, 받침의 발음, 음의 동화, 경음화, 음의 첨가 등으로 나누어 풍부한 예시를 통해 우리말의 표준적인 발음법을 설명한다. 표기가 그러하듯이 국어의 발음 또한 사회적, 시대적, 지역적으로 다양하게 구현되는 것이 현실이므로 국어 사용자들 사이의 혼란을 줄이기 위해 표준적인 발음법을 제시한 것이다.

　권두에서도 밝혔듯이 이 책은 출판 현장에서 편집 실무를 수행하는 편집자를 주요 독자로 상정하고 있다. 원고를 교정하고 교열하는 사람들이 알아두어야 할 표준어 사정 원칙, 그리고 외래어 표기법의 골자를 다양한 예시를 통해 설명하는 것이 이 책의 소박한 목표 가운데 하나다. 이에 부득이 편집 실무와 직접적 연관성이 적은 표준 발음법은 이 책에서 다루지 않기로 했다. 더불어 한국어 어문 규범 가운데 '국어의 로마자 표기법' 또한 편집자의 일상적인 업무와는 관련이 적다고 판단하여 설명을 생략했다. 이 책에 포함하지는 못했지만 표준 발음법과 국어의 로마자 표기법 또한 틈틈이 읽어보기를 바란다.

4부

외래어 표기법

표기의 기본 원칙

다른 나라 말 한글로 적기

한글 맞춤법 제3항은 "외래어는 '외래어 표기법'에 따라 적는다"는 것이다. 표준어 규정의 제2항은 다음과 같다. "외래어는 따로 사정한다." 끊임없이 흘러드는 외국의 말을 지속적으로 조사하고 우리말의 일부인 외래어로 인정할지 말지 결정하는 것, 그리고 그 표기를 확정하는 일이 외래어 사정 작업이다. 외래어를 '따로' 사정하는 까닭은, 표준어는 사회적(교양 있는 사람들이 두루 쓰는), 시대적(현대), 지역적(서울말) 기준을 적용하여 사정할 수 있지만, 외래어는 그럴 수 없기 때문이다. 이때 외래어 사정의 기준이 되는 것이 바로 외래어 표기법(문화체육관광부 고시 제2017-14호)이다.

외래어 표기법의 '외래어'는 고유 명사를 포함하여 우리말에 동화되지 않은 모든 외국어를 아우른다. 우리말 어휘는 그 계통을 크게 셋으로 나눌 수 있는데 고유어, 한자어, 외래어다. 엄밀히 말하면 한자어도 외래어라고 할 수 있으나 다른 외래어에 비해 한자어는 고유어에 버금가는 위상을 갖고 있으므로(한자어를 쓰지 않으면 우리말 언어생활은 사실상 불가능해진다) 다른 외래어와 따로 취급하는 것이 상식에 반하는 일은 아니다. 외래어와 외국어를 가르는 기준은 그리 과학적으로 보이지는 않는데, 사전에 실려 있으면 외래어, 그렇지 않으면 외국어로 취급하는 것이 현재의 관례다. "식당이나 호텔 따위에서 접대하는 남자"를 가리키는 '보이'는 사전에 실려 있으므로 외래어이지만, 소년을 뜻하는 '보이'는 사전에 실려 있지 않으므로 외국어인 셈이다.

외래어 표기법은 모두 네 개의 장으로 구성되어 있는데, 제2장은 표기 일람표로서 외래어의 자모(중국어는 발음 부호)와 한글을 대조하여 외래어를 표기하는 준거가 된다. 표기 일람표가 제시된 외래어는 다음과 같다. 에스파냐어, 이탈리아어, 일본어, 중국어, 폴란드어, 체코어, 세르보크로아트어, 루마니아어, 헝가리어, 스웨덴어, 노르웨이어, 덴마크어, 말레이인도네시아어, 타이어, 베트남어, 포르투갈어(브라질 포르투갈어 포함), 네덜란드어, 러시아어. 여기서 알아두어야 할 것은 영어, 독일어, 프랑스어는 각 외래어의 자모가 아니라 발음 기호인 국제 음성 기호International Phonetic Alphabet, IPA를 토대로 표기한다는 점이다.

제3장은 제2장에 표기 일람표가 제시된 외래어들 각각의 표기 세칙이다.(독일어와 프랑스어는 영어의 표기 세칙을 준용한다.)

중요한 것은 제1장 표기의 기본 원칙 다섯 개 항이고, 제4장 인명, 지명 표기의 원칙 또한 눈여겨봐야 한다. 면저 표기의 기본 원칙을 하나하나 살펴보자.

제1항 | 외래어는 국어의 현용 24 자모만으로 적는다

이는 외래어 역시 우리말이므로 우리말을 표기할 때 사용하는 스물네 개의 자모를 그대로 사용한다는 것이다. 바꿔 말하면, 외래어를 적을 때도 우리말을 적을 때 사용하는 스물네 개 자모 외의 글자를 인정하지 않는다는 뜻이다.

한글은 기본적으로 한국어를 표기하기 위한 문자이므로 다른 나라의 말을 원지음대로 적는 것은 불가능하다. 우리말의 표기 체계만 그런 것이 아니라 세계의 모든 언어에 해당하는 특성이다. 따라서 외국어의 원지음을 표기하기 위해 새로운 글자를 도입하기보다는 우리말의 표기 체계 안에서 최대한 혼란을 방지하고 통일성 있게 외래어를 표기하도록 준거를 제시하는 것이 여러모로 합리적이다.

제2항 | 외래어의 1 음운은 원칙적으로 1 기호로 적는다

음운音韻의 사전적 정의는 "말의 뜻을 구별하여 주는 소리의 가장 작은 단위"다. 새인 '매'와 과일인 '배'가 다른 뜻을 가진 말이 되게 하는 'ㅁ'과 'ㅂ'이 바로 음운이다. 그런데 이 음운은 물리적으로 불변하는 소리가 아니라 "사람들이 같은 음이라고 생각하는 추상적 소리"(곧 관념적인 소리)라서 그 수가 달라지기도 한다. 예컨대 우리말 'ㄹ'은 영어에서 'l'과 'r' 두 개의 음운으로 인식된다. 하지만 그렇다 할지라도 이 조항에 따라 'l'과 'r'은 'ㄹ'로만 적는다. 외래어의 음운과 한글 기호가 원칙적으로 일대일로 대응하도록 하는 것이다. 영어의 [f]와 [p]를 모두 한글 'ㅍ'으로 적는 것도 이 조항에 따른 것이다.

다만 이것은 원칙이 그렇다는 것으로 실제로는 외래어의 1 음운과 한글 1 기호가 일대일로 대응하지 않을 때가 적지 않다. 이를테면 국제음성기호 [t]는 모음 앞에서는 'ㅌ'으로 표기하지만([taʊn], 타운) 자음 앞이나 어말에서는 'ㅅ', '트'로 표기한다(['roʊbɑːt], 로봇 / [skɜːrt], 스커트]). 외국어에서는 하나의 음운이지만 우리말에 외래어로 편입되면서 둘 이상의 한글 기호로 표기하게 된 예다.

제3항 | 받침에는 'ㄱ, ㄴ, ㄹ, ㅁ, ㅂ, ㅅ, ㅇ'만을 쓴다

한국어에서 발음할 수 있는 끝소리(종성)는 'ㄱ', 'ㄴ', 'ㄷ', 'ㄹ', 'ㅁ', 'ㅂ', 'ㅇ'밖에 없다.(표준어 규정 표준 발음법 제8항: "받침소리로는 'ㄱ, ㄴ, ㄷ, ㄹ, ㅁ, ㅂ, ㅇ'의 7개 자

　　　　4부 외래어 표기법

음만 발음한다.”) 어말 또는 자음 앞에서 받침 ‘ㄲ’, ‘ㅋ’은 ‘ㄱ’으로, ‘ㅅ’, ‘ㅆ’, ‘ㅈ’, ‘ㅊ’, ‘ㅌ’은 ‘ㄷ’으로, ‘ㅍ’은 ‘ㅂ’으로 발음된다.(표준 발음법 제9항) 나아가 겹받침 ‘ㄺ’, ‘ㄵ’, ‘ㄼ, ㄽ, ㄾ’, ‘ㅄ’은 어말 또는 자음 앞에서 각각 [ㄱ], [ㄴ], [ㄹ], [ㅂ]으로 발음한다.(표준 발음법 제10항)

외래어 표기법 제3항은 사실상 이 내용을 반영한 것으로 보인다. 그리고 이 항에는 표준 발음법 제8항과 달리 ‘ㄷ’이 아니라 ‘ㅅ’을 받침으로 쓴다고 되어 있다. 우리말에는 소릿값이 [ㅅ]이라도 어원을 밝히기 위해 ‘ㄷ’을 받침으로 써야 할 때가 있지만, 외래어는 그럴 일이 없기 때문에 실제 소릿값인 ‘ㅅ’으로 통일하여 적는다는 것이다.

제4항 | 파열음 표기에는 된소리를 쓰지 않는 것을 원칙으로 한다

언어학에서 파열음은 “폐에서 나오는 공기를 일단 막았다가 그 막은 자리를 터뜨리면서 내는 소리”로, ‘ㅂ’, ‘ㅃ’, ‘ㅍ’(이상 입술소리), ‘ㄷ’, ‘ㄸ’, ‘ㅌ’(이상 잇몸소리), ‘ㄱ’, ‘ㄲ’, ‘ㅋ’(이상 여린입천장소리) 따위다. 여기서 우리말 파열음의 특징을 알 수 있는데, 소리가 나는 위치는 같지만 소리는 세 가지(예사소리, 된소리, 거센소리)로 난다는 것이다.

하지만 이는 우리말에서만 그러할 뿐, 예컨대 영어, 프랑스어, 독일어, 이탈리아어 등에서 파열음은 두 가지(유성, 무성)로만 구분될 뿐이다. 영어, 독일어에서 'p'는 우리말 자음 'ㅍ'과 가깝지만, 프랑스어, 이탈리아에서 'p'는 우리말 자음 'ㅃ'과 가깝다. 하지만 'ㅍ'과 'ㅃ'은 우리말 사용자나 구별할 수 있지 유성 파열음과 무성 파열음의 구별밖에 없는 언어를 사용하는 사람에게는 '그 소리가 그 소리'일 뿐이다. '불', '풀', '뿔'을 그들은 모두 '풀[pul]'로 인식하는데 'ㅂ', 'ㅍ', 'ㅃ'이 모두 무성음이기 때문이다.(반면에 '감기', '바보' 등은 '감'의 'ㄱ'과 '기'의 'ㄱ'을 다르게[kamgi], '바'의 'ㅂ'과 '보'의 'ㅂ'을 다르게[pabo] 구별하는데, 앞의 'ㄱ'과 'ㅂ'은 무성음, 뒤의 'ㄱ'과 'ㅂ'은 유성음이기 때문이다. 물론 '감기'와 '바보'는 로마자로 'gamgi'와 'babo'로 표기한다. 이는 '감기'와 '바보'가 우리말이고 국어의 로마자 표기법은 우리말을 로마자로 표기하기 위해 존재하는 것이기 때문이다.)

우리말 사용자만 구별하는 된소리와 거센소리를 구별하기 위해 다양한 외래어의 소리를 일일이 가려 적기는 사실상 불가능하므로(완벽하게 구현되는 것도 아니며 된소리인지 거센소리인지 구별하기 어려운 말도 수없이 많다) 원

   4부 외래어 표기법

칙적으로 파열음은 된소리로 표기하지 않기로 한 것이다.

한편 우리말 자음의 된소리 다섯 개 'ㄲ', 'ㄸ', 'ㅃ', 'ㅆ', 'ㅉ' 중에서 'ㅆ', 'ㅉ'은 일본어나 중국어에서 온 말을 표기할 때 썼는데, 현재는 'ㄲ, ㄸ, ㅃ'과 더불어 타이어나 베트남어 등 동남아시아 국가의 언어를 표기할 때도 사용한다.

마지막으로 제5항은 다음과 같다.

제5항 | 이미 굳어진 외래어는 관용을 존중하되, 그 범위와 용례는 따로 정한다

이는 외래어 표기법대로 표기하지 않는 외래어에 대한 내용이다. 언중의 언어생활에서 특정한 형태로 확실하게 자리를 잡은 외래어는 그대로 쓰도록 허용한다는 것이다. 다만 '그 범위와 용례는 따로 정한다'는 말의 의미는 명료하지 않다.

12장

인명, 지명 표기의 원칙

원칙과 관용

제4장은 인명, 지명 표기의 원칙이다. 어지간한 인명, 지명은 모두 표준국어대사전에서 그 표기를 확인할 수 있다.

제1절은 표기 원칙이다.

제1항 | 외국의 인명, 지명의 표기는 제1장, 제2장, 제3장의 규정을 따르는 것을 원칙으로 한다

이는 표기의 기본 원칙과 표기 일람표와 표기 세칙을 참고하여 외국의 인명과 지명을 표기하라는, 어찌 보면 하나 마나 한 소리다. 사전에 등재된 외국 인명, 지명이 바로 외래어 표기법 제1장, 제2장, 제3장을 바탕으로 한 것이기 때문이다.

제2항 | 제3장에 포함되어 있지 않은 언어권의 인명, 지명은 원지음을 따르는 것을 원칙으로 한다

우리말 표기 원칙이 마련되어 있지 않은 언어권의 인명, 지명은 어차피 원지음을 따라 표기할 수밖에 없다. 예컨대 튀르키예어는 우리말로 표기할 때 참고할 수 있는 원칙이 없으므로 튀르키예 원지음에 따라 표기해야 한

다.(과거에는 '튀르키예Türkiye'라는 원지음 대신 '터키Turkey'
라는 영어식 표기를 사용했는데, 이는 이어지는 제3항을 따
른 것이었다.)

제3항 | 원지음이 아닌 제3국의 발음으로 통용되고 있는 것은 관용을 따른다

네덜란드의 주州인 '덴 하흐Den Haag'는 이 조항을 따라 보
통 '헤이그'로 표기한다. 로마의 군인이자 정치가인 '카이
사르Caesar' 또한 보통 '시저'라고 영어식으로 표기한다. 하
지만 영어식으로 표기하는 것이 바람직할 때가 아니면(이
를테면 셰익스피어의 희곡 『줄리어스 시저』) 외래어 표기법
을 따르거나 원지음대로 표기하는 편이 좋다. (이 조항에
근거하여 '베네치아'를 '베니스'로, '빈'을 '비엔나'로 무턱대고
고쳐서는 안 된다.)

제4항 | 고유 명사의 번역명이 통용되는 경우 관용을 따른다

이는 예컨대 'Pacific Ocean'은 '태평양'으로, 'Black Sea'
는 '흑해'로 적는 것이다.

제2절에서는 동양의 인명, 지명 표기를 따로 다룬다.

제1항 | 중국 인명은 과거인과 현대인을 구분하여 과거인은 종전의 한자음대로 표기하고, 현대인은 원칙적으로 중국어 표기법에 따라 표기하되, 필요한 경우 한자를 병기한다

제2항 | 중국의 역사 지명으로서 현재 쓰이지 않는 것은 우리 한자음대로 하고, 현재 지명과 동일한 것은 중국어 표기법에 따라 표기하되, 필요한 경우 한자를 병기한다

기본적인 내용은 중국 인명의 경우 과거인은 한자음대로('주희朱熹'), 현대인은 중국어 표기법에 따라('쑨원孫文')(필요한 경우 한자를 병기하여) 표기한다는 것이다. 여기서 과거인과 현대인을 나누는 기준은 보통 1911년의 신해혁명이라 알려져 있다. 그리고 지명은 현재에도 쓰이는 역사 지명은 중국어 표기법에 따라 필요한 경우 한자를 병기해서 표기하고(공자의 고향인 '취푸曲阜'), 그렇지 않은 것은 한자음대로 표기한다('장안長安'. 현재 중국 산시성陝西省 시안시西安市의 옛 이름).

제3항 | 일본의 인명과 지명은 과거와 현대의 구분 없이 일본어 표기법에 따라 표기하는 것을 원칙으로 하되, 필요한 경우 한자를 병기한다

제4항 | 중국 및 일본의 지명 가운데 한국 한자음으로 읽는 관용이 있는 것은 이를 허용한다

제3항은 조항의 내용 그대로이고, 제4항에 따라 '도쿄'를 '동경'으로, '상하이'를 '상해'로, '타이완'을 '대만'으로 표기해도 문제없다.

이 장에서는 또한 바다, 섬, 강, 산 등의 표기 세칙도 따로 두고 있다.(제3절)

제1항 | 바다는 '해(海)'로 통일한다

제2항 | 우리나라를 제외하고 섬은 모두 '섬'으로 통일한다

제3항 | 한자 사용 지역(일본, 중국)의 지명이 하나의 한자로 되어 있을 경우, '강', '산', '호', '섬' 등은 겹쳐 적는다

4부 외래어 표기법

제4항 | 지명이 산맥, 산, 강 등의 뜻이 들어 있는 것은 '산맥', '산', '강' 등을 겹쳐 적는다

첫째, 바다는 '해海'로 통일하고('홍해', '발트해', '아라비아해'), 둘째, 우리나라를 제외하고(제주도, 울릉도) 섬은 모두 '섬'으로 통일하고('타이완섬', '코르시카섬'), 셋째, 한자 사용 지역(일본, 중국)의 지명이 하나의 한자로 되어 있으면, '강', '산', '호', '섬' 등은 겹쳐 적고(온타케산御岳, 주장강珠江, 도시마섬利島, 하야카와강早川, 위산산玉山), 마지막으로 지명이 산맥, 산, 강 등의 뜻이 들어 있는 것은 '산맥', '산', '강' 등을 겹쳐 적는다(Rio Grande 리오그란데강, Monte Rosa 몬테로사산, Mont Blanc 몽블랑산).

셋째 조항에 따라 '長江'은 '창장강'으로 표기하는데 이는 '長江'을 '창장'이라고만 표기하면 이것이 강을 가리키는 말인지 바로 파악하기가 어려울 것이라는 판단에 따른 것이다.(두 개의 한자로 되어 있는 '揚子江'은 '양쯔강'이라고 적는다.) '공공 용어의 외국어 번역 및 표기 지침'(문화체육관광부훈령 제520호)에 따르면 '한강'의 공식 영문 표기는 'Han River'가 아니라 'Hangang River'인데 그 맥락은 '長江'을 '창장'이 아니라 '창장강'이라고 적는 것과 같다고 할 수 있다.

맺으며

지금까지 한글 맞춤법의 모든 조항과 표준어 규정 중 표준어 사정 원칙, 외래어 표기법의 근간이 되는 조항들을 하나하나 살펴보았다.

한글 맞춤법은 "한글로써 우리말을 표기하는 법을 체계화한 규정"이다. 규정이란 대부분 인지하는 것만으로도 골치가 아프고 지키기 귀찮기 마련이다. 맞춤법도 크게 다르지 않다. 하루하루 먹고살기도 바쁜데 이런 시시콜콜한 것까지 신경 써야 할까 싶기도 하다. 그럼에도 이러한 규정 또한 필요한 이유만큼은 명확하다. 우리는 공동체를 이루어 살아가며 다른 사람들과 언어로써 의사소통하기 때문이다. 한글 맞춤법을 비롯한 한국어 어문 규범은 우리말을 사용하는 사람들 간의 원활한 의사소통을 위해 존재한다. "표준어를 소리대로 적되, 어법에 맞도록" 하자는 것은 이를 위한 첫걸음이자 최소한의 사회적 합의일 것이다.

편집자는 저자나 역자의 원고에 개입하는 사람이다. 그럴 수 있는 것은, 그래도 되는 것은 편집자가 저자, 역자와 독자 사이의 원활한 의사소통을 위해 존재하는 사람이기 때문이다. 매개는 바로 원고다. 그리고 원고의 대부분은 필연적으로(이렇게밖에 설명할 수 없다) 불완전하다. 그 불완전함을 극복해 나가는 것이 어쩌면 편집이 아닐까 싶다. 글을 쓰고 글을 읽는 사람들 사이의 이러하고 저러한 간극을 좁히는 일. 책을 만드는 사람들이 이러한 마음으로 한글 맞춤법을 비롯한 한국어 어문 규범에도 관심을 가져주기를 바란다.

나름대로 열성을 다해 쓰기는 했으나 이 작은 책 한 권으로 적지 않은 분량에 소화하기 만만치 않은 내용을 담고 있는 한국어 어문 규범 전체를 포괄하기는 아무래도 어려울 것이다. 우리가 언어생활에서 공식적으로 따르고 지켜야 할 기준의 얼개와 그것을 지탱하고 있는 원리, 질서를 이해하는 데 조금이나마 도움이 되기를 바랄 뿐이다.

한국어 어문 규범 훑어보기
편집자를 위한 한글 맞춤법 강의

초판 1쇄 발행일 2026년 3월 30일

지은이 오경철
발행인 홍영완
편집인 유정연
책임편집 민혜영
편집 이효선
디자인 주수현

발행처 한국출판인회의
등록 2005년 5월 4일 제2005-000094호
주소 서울시 마포구 동교로22길 44(서교동)
전화 02-3142-5808
팩스 02-3142-2322
홈페이지 www.sbin.or.kr
이메일 sbi@sbin.or.kr

ⓒ 오경철, 2026
ISBN 978-89-91691-44-5 03010